D1721849

Martha Murphy
Bierstindl, 26. 8. 1993

Martha Murphy

Die Kitschkommission

Satirische
Erzählungen
und
Grafiken

Edition Löwenzahn
1993

Gedruckt mit freundlicher Unterstützung durch die Kulturabteilungen des
Stadtamtes Schwaz, des Stadtmagistrats Innsbruck
und des Amtes der Tiroler Landesregierung

© 1993 by Österreichischer StudienVerlag/Edition Löwenzahn
Fallmerayerstraße 14, A-6011 Innsbruck
Printed in Austria
Satz: dolphoy
Druck: Tyrodruck, Vomp
ISBN 3-900521-24-7

Gedruckt auf umweltfreundlichem, chlor- und säurefreiem Papier

Vorwort

Wie kratzt frau an der Macht? Wie wehrt sie sich gegen männliche Bevormundung und Besserwisserei? Wie verwahrt sie sich gegen die Beschädigung ihres Selbstwertgefühls?

Martha Murphy, als Kunsterzieherin für eine ganze Mädchengeneration Anregerin zur schöpferischen Selbstgestaltung nicht nur des Zeichenblattes, auch des Lebensstils, hat für sich selbst eine gute Wahl getroffen. Ihre Waffe ist der Zeichenstift; sie schwingt ihn nicht als blankes Schwert, um den Feind zu köpfen, sondern führt ihn als elegantes Florett, dessen Treffsicherheit dem Gegner ein gequältes "touché" abringt, den Bewunderern ein wissendes Lächeln.

Den Hang zum Emanzipatorischen muß sie schon in der Jugend gehabt haben, war doch die geborene Zillertalerin zu ihrer Zeit die einzige Frau in der Grafikklasse der Wiener Akademie. Den für sie lebensnotwendigen, abgesicherten Freiraum schuf sie sich durch die Berufswahl, auch wenn ihr "die Schule viel Substanz gekostet hat". Ihr politisches Engagement bei den Grün-Alternativen, das sie einige Zeit in den Schwazer Gemeinderat führte, war auch ein Schritt aus der Bürgerlichkeit, ohne alle Brücken hinter sich abzubrechen. Eine hellsichtige und hellhörige Grenzgängerin ist sie geworden, hat begonnen, Männermacht und Männersprache mit Ironie zu parieren. Zwei "satirische Schübe" hat das politische Engagement bei ihr ausgelöst. Der Zyklus von 1983 ist noch realistischer, aggressiver, bitterer, auch eindeutiger zu interpretieren. Dornröschens Schloß wird mit dem Schaufelbagger attackiert, die Ordensträgerin von der Männer Gnaden glänzt mit Brillantring und Designerklamotten, die ätherische Muse müht sich um einen lächerlichen Muskelprotz.

Diese Phase hat sie hinter sich gelassen. Zehn Jahre später haben phantasievolle Fabelwesen die Macht übernommen, bevölkern Gletscherschnecke, Wächter, Klausaurier die Zeichenblätter, listige Vexierbilder, die sich im grafischen Gerüst feinster Schraffuren verstecken. Die Natur birgt nichts Bedrohliches, auf stützenden Händen reitet das Kind mit seinem Schaukelpferd sicher über den Abgrund, selbst der schreckliche Minotaurus gleicht einer freundlichen Kuh. Die Karrierefrauen, die sich als Muttchen oder Nymphchen in einem früheren Bild noch mühsam am männlichen Profil emporzogen, sind zwar noch immer unterwegs, doch eine Dritte hat sich ganz schön breitgemacht auf der männlichen Visage.

Die Ambivalenz ist gepaart mit einem Schuß heiterer Ironie, das Engagement mit Gelassenheit. Hier zeichnet eine, die über sich selbst lachen kann, dabei unverdrossen weiterbaut an einer Gegenwelt, auch wenn die erste aus den Fugen gerät.

Die Zeichnungen sind nicht die Illustration der Texte, doch gibt es deutliche Beziehungen. Auch die Geschichten sind mehrdeutig, sie nehmen die herrschenden Zustände aufs Korn: den Fetisch Tourismus, die Umweltzerstörung, die Kunstkritik, doch jedesmal kippt die Realität ins Absurde, das sich zugleich als höhere Ebene der Wirklichkeit entpuppt. Die Katastrophe hebt die Welt nicht aus den Angeln, sie rückt sie wieder zurecht, denn es sind die Schutzhexen und nicht die Schutzengel, die uns geleiten.

Die Zuneigung der Erzählerin gehört den Eigenbrötlern, jenen Typen am Rand, die in einem spontanen Akt der Selbstbefreiung die aufgezwungenen Konventionen abstreifen, und sei es nur das falsche Gebiß.

Gretl Köfler

Der Hofmaler

Kein Fest, kein familiäres oder höfisches Ereignis war mehr möglich ohne ihn. Seine Phantasie, eine ewig sprudelnde, verläßliche Quelle, war längst schon erfaßt, den Lustbarkeiten des Hofes zu dienen. Die praktische Realisierung seiner Einfälle konnte er kaum mehr überwachen, hier und dort und überall war seine Anwesenheit wichtig. Langsam wurde ihm diese Berühmtheit mehr zur Last als zur Freude. An Rückzug war nicht mehr zu denken. Auch hatte er sich an die Privilegien und Bequemlichkeiten gewöhnt, die ihm und seiner Familie zugute kamen. Die Gunst des Hofstaates schützte und umhüllte ihn wie eine pelzgefütterte Panzerweste.

Die Zeit schritt fort, und neue Probleme, die immer mehr überhand nahmen, hatte der Hof zu bewältigen. Von Wendezeiten wurde gesprochen, neue Gesellschaftsgruppen meldeten Ansprüche an. Am Hof entwickelte sich die Kunst des Verdrängens, man unterspielte mit Ironie und regierte mit eiserner Faust. Rollenspiele, Maskeraden, Sinnestäuschungen halfen über immer trister werdende Zukunftsaussichten hinweg. Realitäten erklärte man als Phantasie, Fiktionen erhob man zur Realität. Sans-soucis-Schlößchen aller Dimensionen erlebten einen ungeheuren Bauboom, das Inselsyndrom tauchte wieder einmal auf, und den Späßen der Hofnarren wurde eifriger applaudiert als den einsamen ohnmächtigen Beschlüssen der Minister.

Das Gefühl, keine Zukunft zu haben, die allgemeine Unsicherheit, der um sich greifende Pessimismus wurden gesellschaftspolitischer Humus für neue freche Gruppen und Grüppchen, die Machtansprüche zu stellen begannen. Mit dem moralischen Verfall des Hofes wurde argumentiert, eine neue, eine bessere Gesellschaftsordnung sollte aufgebaut werden. Sogar die höfische Jugend wagte sich manchmal zu den geheimen Treffen, um ein wenig revolutionäre Luft zu schnuppern.

Das tägliche Lavieren zwischen dem Herkömmlichen, Altvertrauten und dem Neuen, unbekannt Heraufdämmernden wirkte sich intelligenzfördernd auf die Menschen aus. Bei vielen Gesprächspartnern mußte erst eruiert werden, wo ihre geistige Position war. Die starr hierarchisch aufgebaute Gesellschaft geriet zunehmend in eine neue Flexibilität, durch die immer wieder scheinbar gottgegebene Machtpositionen ins Wanken gerieten.

"Im Grunde bin ich längst schon überflüssig", dachte der Hofmaler öfters. "Die Ereignisse gestalten sich ohne Regie von selber. Ich brauche nur mehr von meinem Logensitz aus zuzusehen, wie sich die Dinge entwickeln. Alles ist in Fluß, in Bewegung, täglich trägt der Sturm Neues, Unbekanntes zu uns her. Ich fliehe nicht auf die Insel, die Insel wird zu mir schwimmen."

In seinen seltenen ruhigen Stunden, wenn er länger an einem Porträt malen konnte, das keine Auftragsarbeit war, sondern einem geliebten Gesicht gewidmet, wurde es ihm anfangs nicht bewußt, daß sein Malstil sich allmählich veränderte. Die für ihn so typischen festen, aber zarten Konturen lösten sich langsam auf und wurden zu verschwommenen, kaum mehr unterscheidbaren Farbnuancen. Gleichzeitig griff er immer seltener zu den von seinen Verehrern so geschätzten hellen Pastellfarben, die eigentlich sein Markenzeichen waren. "Niemand kann diese rosa Wölkchen so duftig und leicht malen, diese Wassertöne so zart und transparent", wurde er gelobt. Jetzt trockneten diese zarten Farben auf seiner Palette aus, statt dessen griff er immer häufiger zu harten Kontrasten, hell und dunkel, schwarz und weiß. Er übertreibe jetzt ein wenig, wurde er kritisiert, vielleicht wäre eine beginnende Augenschwäche die Ursache.

Die Meinung seiner Kritiker war dem Maler längst schon gleichgültig, auch war es ihm noch nicht bewußt, daß die von allen so vorsichtig vermiedene Konfrontation auf jedem seiner Bilder mit beängstigender Konsequenz überdeutlich heranwuchs.

Parallel zur neuen Farbgebung änderten sich auch seine Bildkompositionen. Hatte er früher Dreiecke, sozusagen hierarchische Pyramiden- und Kegelformen bevorzugt, so vermied er diese nun, und es entstanden an ihrer Stelle meist ausgedehnte horizontale Linien, manchmal spiralenförmige Kompositionen. Auch die Behandlung der Bildthemen hatte sich geändert. Plötzlich konnte der Klerus seine religiösen Werke kaum mehr als Kirchenschmuck verwenden. Hier reagierte man nun doch empfindlich auf dieses Überschreiten der künstlerischen Freiheit. Heilige Gestalten schienen ihn nicht mehr allzusehr zu interessieren. Statt dessen malte er zum Beispiel einen unzählbaren, unkontrollierbaren Haufen dreckigen Volkes auf einer Wallfahrtstour. Derartig viele Menschen waren sicher nicht unterwegs gewesen. Solche Bilder bekamen einen geradezu bedrohlichen Charakter. Durch die schlampige Ausführung konnte man nicht einmal feststellen, ob diese Menschen tatsächlich fromme Pilger waren oder etwa bewaffnete, raubende und plündernde Horden. Unterschiede waren nicht mehr erkennbar.

Die zahlreichen Einzel- und Gruppenporträts der königlichen Familie entglitten ebenfalls jeglichem Kritikansatz. Die einen fanden den König realistisch und gut dargestellt, die anderen behaupteten, der Maler hätte einen ordenbehängten Idioten aus ihm gemacht. Das Bildnis der geschmückten Königin lobten manche als gut getroffen, andere wieder sahen darin eine herausgeputzte ältere Hure. Fragte man den Maler, was denn seine Auffassung wäre, dann antwortete er diplomatisch, jeder Betrachter hätte das Recht, sich seine persönliche Meinung von diesen Bildern zu machen.

Krieg, Besatzung, Mißwirtschaft hatten den Hof in eine derart prekäre Lage gebracht, daß auch die großen Aufträge für den Maler immer spärlicher wurden. Er konnte sich jetzt häufig in sein idyllisches Landhaus zurückziehen, um sich seinen grafischen Arbeiten zu widmen, deren Schreckensszenen niemand sehen wollte.

Als sich ein runder Geburtstag der Königin näherte, wollte man eine Ausnahme machen und ein besonders prunkvolles Fest inszenieren. Das Untergangsfest, lästerten Neider und Außenseiter. Der Hofmaler wurde gebeten, sich etwas besonders Originelles einfallen zu lassen, das dann die Hauptattraktion des Tages sein würde. Eine Woche lang dachte er sich Pläne aus und verwarf sie wieder. Alles war schon einmal dagewesen, vom schwimmenden Feuerwerk bis zum zwecklosen, rein symbolhaften Fassadenprunkbau. Es verlockte ihn zwar, eine gewaltige, hierarchische Konstruktion zu schaffen und diese dann verbrennen, untergehen, zusammenfallen zu lassen. Es hätte ihn amüsiert zuzusehen, wie die Hofgesellschaft dem Symbol ihres Unterganges Beifall geklatscht hätte. Dann kam ihm dieser Plan doch zu eindeutig, zu platt vor.

Die zündende Idee tauchte dann ganz unerwartet auf, während er das Porträt eines fünfjährigen Prinzen malte und sich bemühte, den fragenden Ausdruck der Kinderaugen wiederzugeben. Kinder hatte er immer gemocht und gerne gemalt. Sie waren die einzigen Unverdorbenen in dieser Hofgesellschaft. "Für Kinder sollte ich etwas machen", dachte er, "das wäre das einzig Sinnvolle. Irgendetwas, das sie selber beleben, gestalten, organisieren können, unbeeinflußt von den Erwachsenen. Ich müßte für Kinder etwas hinstellen, wo sie kein Vorbild aus der Erwachsenenwelt haben, wo sie eigenständige Entscheidungen treffen könnten und nicht ein einziger Erwachsenenrat von Nutzen wäre. Einen noch nie gesehenen Gebäudekomplex für Kinder werde ich entwerfen und errichten lassen", beschloß er; Räume, über deren Nutzung allein die Kinder entscheiden würden und eigene gesellschaftliche Organisationsmuster entwickeln könnten. Nicht der Bau würde sich menschlichen Bedürfnissen anpassen, sondern die Bedürfnisse könnten durch seine ungewöhnliche Formgebung geweckt werden.

Diese Idee ließ ihn nicht mehr los, und er entwarf zahlreiche Skizzen, bis er endlich mit einem Entwurf zufrieden war.

Eine Baukommission hatte den Plan zu überprüfen und erhob einige Einwände wegen dieser nie gesehenen, nie ausprobierten Form. Besonders bedenklich sei es, daß kein Erwachsener das Gebäude betreten könne, um die Kinder vor etwaigen Gefahren zu retten.

Der Hofmaler verwies auf die stattliche Zahl der Hofzwerge, die in solchen Fällen von Nutzen sein würden. Nur dank seiner Autorität konnte er den Baurat überreden, diesen Plan zu bewilligen. Die Arbeiten mußten bereits in den nächsten Tagen beginnen, um den Bau termingerecht am Geburtstag der Königin präsentieren zu können.

Mit Freude und Genugtuung überwachte der Maler die allmählich gestaltannehmende Realisierung seiner Idee. Nur unwesentliche Korrekturen mußte man anbringen. Der sonderbare Bau erweckte Neugier und Interesse, und ständig standen Gruppen von Betrachtern um ihn herum. Die kleinen Dimensionen ließen ihn bald als Anlage für Kinder erkennen, die ebenfalls aufmerksam den Fortschritt der Arbeiten beobachteten.

Pünktlich zum Geburtstag der Königin konnte alles in großer Eile fertiggestellt werden. Die Festabfolge war verlautbart worden, und Hofstaat und Volk drängten sich in dichten Gruppen zu den verschiedenen Lustbarkeiten im ausgedehnten Schloßpark.

Wie es seiner Stellung geziemte, unterwarf sich der Hofmaler geduldig ihn eher langweilenden gesellschaftlichen Verpflichtungen, er schlenderte bald hierhin, bald dorthin und führte unzählige Gespräche mit Personen, die ihn überhaupt nicht interessierten. Langsam und zielgerichtet bewegte er sich zu jenem Teil des Schloßparkes hin, wo sein Kinderhaus errichtet worden war. Er war neugierig, wie sich die Belebung des Gebäudes durch die Kinder vollziehen würde.

Endlich wurde er von niemandem mehr belästigt und konnte abseits von dem Gedränge und Getümmel an einen Baum gelehnt beobachten, wie sich immer mehr festlich gekleidete Höflinge ihrem Gebäude näherten. Sie strebten dem Eingang zu, und sofort ergab sich Geschrei und Gelächter, weil alle dicken Kinder im Türstock stecken blieben und das Haus nicht betreten konnten.

Dann stürmte eine größere Knabengruppe in die Räume, und man hörte ihre laut gebrüllten Überlegungen, wie die Gebäudeteile verwendet werden sollten. Das Geschrei wurde immer lauter, es mußte ein Streit ausgebrochen sein, vielleicht wegen unterschiedlicher Vorstellungen, dachte der Hofmaler.

Immer mehr Kinder liefen in das Haus. Nach ihnen spazierten gemächlich mehrere Hofdamen, umtänzelt von ihren Kavalieren, herbei. Der Hofmaler beobachtete ihre routinierte Gestik und Mimik, die sie sich, in Erwartung der höchsten Attraktion des Tages, wieder zurechtgelegt hatten. Weitere Höflinge folgten und gruppierten sich in losen Häufchen auf dem gepflegten Rasen vor dem Haus, aus dem immer stärker Lärm und Gepolter drangen. Die Erwachsenen amüsierten sich sehr über diese lautstarken Spiele, bei denen man zwischen dem Geschrei immer wieder Weinen und Jammern hörte, was vor allem die Hofdamen als etwas unpassend empfanden.

"Fesselt ihn und sperrt ihn in den Keller!" hörte man plötzlich eine einzelne laute Stimme. Darauf vielstimmiges Geschrei und Getrampel. Glas klirrte, Holz krachte, dann langanhaltendes Geheul eines Kindes. Der Maler runzelte die Stirn. Inzwischen hatte sich beinahe der ganze

Hofstaat versammelt, um die interessanteste Belustigung des Tages miterleben zu können.

"Schaut, jetzt werfen sie einen vom Balkon herunter", rief plötzlich ein begeisterter älterer Höfling und zeigte auf den zierlichen Balkon an der Fassade, wo sich eine Knabengruppe bemühte, einen lautstark Widerstrebenden über das Geländer zu stoßen. Gespannt beobachteten alle diese neue Inszenierung. Es dauerte nicht lange, und das Kind fiel unter Gejohle und Gelächter vom Balkon herunter und blieb regungslos auf dem schönen, mit Mosaiksteinen ausgelegten Pflaster liegen. Überwältigt klatschten die Zuschauer Beifall, und schnell wurde der jetzt uninteressante Knabe von den Hofzwergen weggeschafft. Der Hofmaler sah ihnen nachdenklich nach und stellte sich ein wenig mehr in den Schatten des Baumes.

"Da capo, da capo", schrien auf einmal alle Höflinge und produzierten rhythmische Geräusche und Bewegungen. Zwei feindliche Gruppen rauften und schlugen sich erbittert auf dem Balkon. Hoffentlich hält das die Konstruktion aus, dachte der Maler voller Sorge. Längst schon war ihm die Freude über seinen gelungenen Bau vergangen. Es dauerte auch nicht lange, und der Balkon stürzte mitsamt den kämpfenden Kindern unter dem tosenden Applaus des Publikums krachend in die Tiefe. Alle lachten, keuchten, japsten, stießen einander an und hielten sich die Bäuche. Manche Jugendliche schlugen Purzelbäume vor Vergnügen. So was konnte nur dem Hofmaler einfallen, er war einfach unersetzbar!

Dieser überlegte sich gerade, ob er nicht unauffällig verschwinden sollte. Er fürchtete sich vor den nachfolgenden Komplimenten und vor dem unausweichlichen Händeschütteln, als plötzlich die aufgeregten Zuschauer ganz still wurden und gespannt zum Kinderhaus blickten. Dort war ebenfalls Ruhe eingetreten, man hörte nicht ein einziges Geräusch.

Die vielgerühmte Phantasie des Hofmalers begann hektisch zu arbeiten. Im umgekehrten Verhältnis zur lang anhaltenden Stille im Kinderhaus überstürzten sich Schreckensbilder in seinem Kopf in immer kürzeren zeitlichen Abständen. Vorsichtig, ohne den Kopf zu wenden, blickte er zu den ebenfalls stillen Höflingen und sah nur ratlose, verunsicherte Gesichter. Da rief plötzlich ein eleganter junger Mann in die Menge: "Laßt uns die Pause benutzen, um uns ein wenig zu erfrischen!" Nach diesem erlösenden Wort, strömten alle zu den reichhaltigen, malerisch dekorierten Buffets.

Der Maler blieb allein zurück und kämpfte eine Weile mit seinem Gewissen. Man müßte nachsehen, was im Haus los ist, aber ich komme ja auch nicht hinein, dachte er. Einen Hofzwerg wollte er nicht zu Rate ziehen, das fand er unter seiner Würde. Vielleicht ist alles halb so schlimm, die Kinder sind nur müde und nach diesen Aufregungen eingeschlafen, grübelte er. Sofort malte ihm seine gut trainierte Vorstellungskraft entzückende Bilder schlafender Kindergruppen in malerischen Posen. Diese inneren Bilder beruhigten ihn derart, daß er nach einem letzten Blick auf das Haus die menschenleere Szene verließ, um sein Pferd in den königlichen Stallungen zu satteln und zu seinem idyllischen Landhaus zu reiten.

"Hätte ich diesen Bau nicht errichten dürfen?" fragte er sich später immer wieder, während er als langsamer, einsamer Reiter, begleitet von einem besonders malerisch-tröstlichen Sonnenuntergang, sich heimwärts bewegte. Dann saß er lange auf der Terrasse und beobachtete die sich allmählich über das Land breitende Dunkelheit.

"Bald wird mir der König für meine letzten Verdienste wieder einen Orden verleihen", dachte er unbehaglich und begab sich in sein Arbeitszimmer. Dort holte er Papier, Feder und Tusche und begann sein Abschiedsgesuch aus den Diensten des Hofes zu verfassen. Er konnte mit langjähriger Tätigkeit und mit einer angegriffenen Gesundheit argumentieren. Auch wäre es ihm nicht mehr möglich, schrieb er, als Porträtmaler zur Verfügung zu stehen, so gründlich hätte er alle erdenklichen Varianten der Physiognomien, der Gesten und der Erscheinungen der Höflinge studiert. Wenn ihn eine Arbeit langweile, wäre es ihm unmöglich, ein gutes Werk zu schaffen. Gleichzeitig ersuche er höflichst, den Ehrenvorsitz des Beratungsausschusses der Perückenmacher ablegen zu dürfen. Auch seien ihm seit Jahrzehnten alle Drehungen und Windungen jedes einzelnen Löckchens, das sich den höfischen Profilen anzupassen hatte, bis zum Überdruß vertraut. Er sei einfach am Ende seiner Kräfte.

Nachdem er das Datum und seine Unterschrift schwungvoll auf dieses Pergament gezeichnet hatte, war ihm wohler, und nach einem kleinen Mahl ging er gestärkt in sein Atelier, um an seinem Grafikzyklus weiterzuarbeiten, dessen Schreckensszenen niemand sehen wollte.

13

Minotaurus 3000

Versteinerte Hofgesellschaft

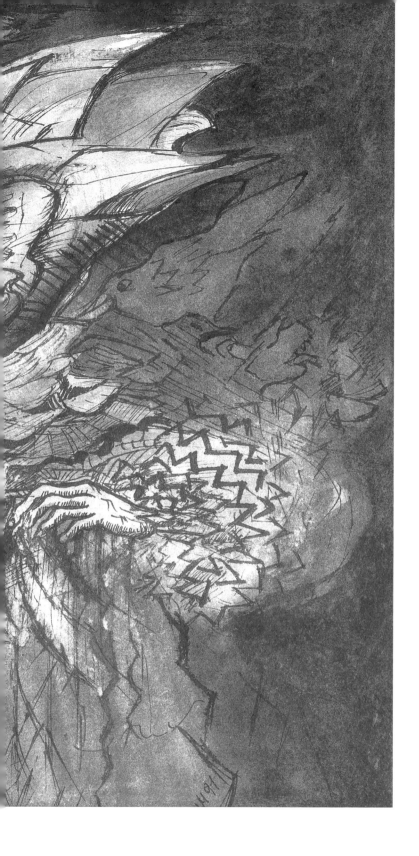

Verschwörer

Versteinerter Pharao

Der Hofmaler

Hommage à Manès Sperber

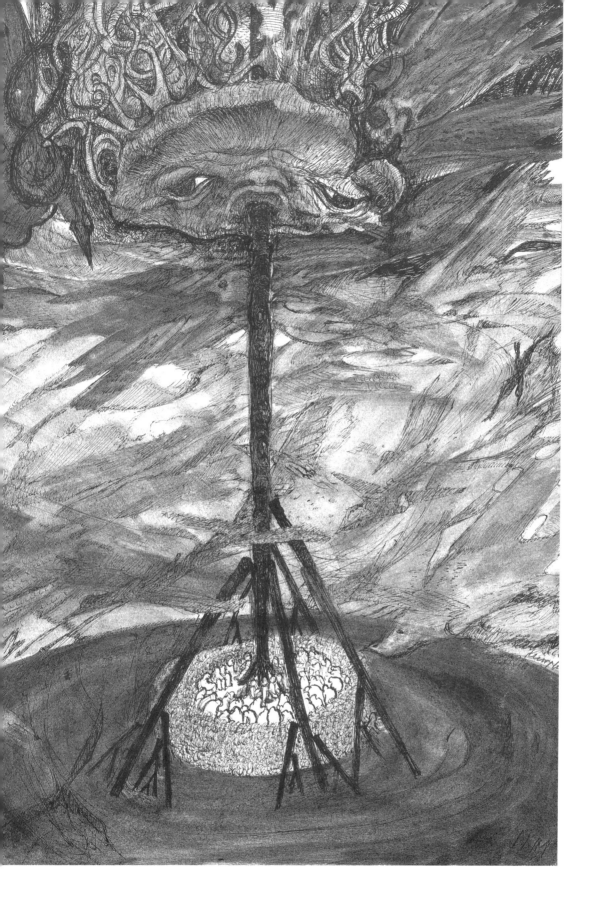

Überwachungsorgan

Die Kitschkommission

Wieder einmal tagten sie. Passend das Ambiente – der Tannenhof, 200jährige Stätte der Gastlichkeit, modernen Bedürfnissen angepaßt. Sauna, Hallenbad, Fitnessraum, Pool, Golf- und Tennisplätze, gediegene alpenländische Atmosphäre, diskretes Personal.

Nach dem ausgiebigen Frühstück schritt man im kleinen Mediensaal zur Tagesordnung.

Bestürzte Gesichter während der kurzen Filmvorführung. Die Symptome allerorts dieselben. Keine noch so große Anstrengung konnte das schleichende, existenzbedrohende Unglück aufhalten. Daß die Symptome überregional, eigentlich global anzutreffen waren, konnte über das Problem auch nicht hinwegtrösten.

Nach den Referaten brach eine erregte, etwas undisziplinierte Diskussion aus. Man schrie die üblichen Einwände, Beschuldigungen durcheinander. Keiner konnte eine neue, eine rettende Idee vorstellen. Viele Vorschläge wurden mit dem Hinweis fehlender finanzieller Mittel abgelehnt.

Ein neuer Teilnehmer ergriff lautstark das Wort. Das Unglück hätte seine Ursache darin, meinte er, daß der Gast überall nur mehr Verlogenheit, Attrappen, Theater, Kitsch und nirgends mehr das Echte vorfände. Der Gast gehe daher weg, um das Echte anderswo zu suchen.

"Einspruch!" riefen ein paar Bürgermeister. Jede Gemeinde subventioniere mehrere Dorforiginale, diese wären echt und keine Attrappen.

"Wir haben doch alles getan, um eine echte Atmosphäre für den Gast zu schaffen", meinten die Wirte.

"Bei größter Hitze müssen unsere Kellnerinnen in der echten Tracht servieren. Echte Zöpfe haben sie sich wachsen lassen!"

"Unsere Burschen, alle Skilehrer, Bademeister, Barmixer und Bergführer tragen Bärte, wie echte Apostel!"

"Seit meine echte Kuh jeden Abend in die Disco muß, gibt sie 10 % weniger Milch!"

"Unsere Yvonne bekam nach der falschen Bauernhochzeit vom falschen Bräutigam ein echtes Kind", schrie der Fuchslochwirt. Gelächter.

"All diese Anstrengungen will niemand abwerten", meinte der neue Teilnehmer. Er möchte nur auf eine bestimmte Erscheinung im Tourismus hinweisen. Man wäre sich doch einig, daß entsetzlich viel Kitsch herum sei. Der Gast kaufe immer weniger Souvenirs, er suche nach alten Geräten, alten Hütten, alten Brunnen, nach dem Verwahrlosten, nach dem Vergessenen, Verwilderten. Blumenwiesen möchte der Gast statt Blumenbalkone. Für solche nostalgischen Werte würde er sogar auf manchen städtischen Komfort verzichten.

"Wollen Sie Plumpsklo und Waschzuber wieder einführen?" riefen die Fremdenverkehrsreferenten.

Der Diskussionsleiter schlug eine Abstimmung vor: Wer der Meinung sei, zu viel Kitsch wäre in den Dörfern, möge die Hand aufheben. Einheitliche Zustimmung.

"Der Kitsch muß weg!" schrien einige.

"Der ganze Kitsch muß weg, auch der in den Privathäusern und Gärten!"

"Wir müssen eine Kitschkommission gründen, die mit dem Kitsch aufräumt", sagte der neue Teilnehmer.

"Da muß ich aber dabei sein!" riefen mehrere Bürgermeister gleichzeitig.

Endlich kam man zu konkreten Ergebnissen. Die Bildung von Kitschkommissionen in den einzelnen Ortschaften wurde beschlossen, Zahl und Art der Mitglieder festgelegt, die behördlichen Genehmigungen vorbereitet. Zufrieden konnten die Tagungsteilnehmer das opulente Mittagessen einnehmen.

Die Bürgermeister berichteten in der nächsten Gemeinderatssitzung von dieser Entscheidung. In den einzelnen Orten zeigten sich sehr ähnliche Reaktionen. Schwierig wurde es mit den Pfarrern, die Protest einlegten, sie könnten nicht ihre Kirchen, Kapellen und Bildstöcke ausplündern lassen. Das Volk hänge nun einmal an diesen Dingen. Die meist querulanten Junglehrer verlangten erst eine exakte Definition, was Kitsch sei. Eventuell würden sie mitarbeiten. Die Souvenirläden verfaßten Resolutionen. Sie sahen mit Recht ihre Existenz bedroht. Die Fremdenverkehrsvereine forderten, daß der Gast unbedingt Mitglied der Kitschkommission zu sein hätte.

Man war schließlich froh, von übergeordneter Stelle die Rahmenbedingungen für Struktur und Tätigkeit der Kitschkommission auferlegt zu bekommen.

Um die Bevölkerung zu informieren, wurden Postwurfsendungen ausgeschickt und Plakate gedruckt. Jeder hätte nun Gelegenheit, im Interesse der Schönheit seiner Heimatgemeinde, sich allen Kitsches in Haus und Garten kostenlos zu entledigen. Die Gegenstände könne man an eine Sammelstelle im Feuerwehrhaus bringen. Besonders peinliche Objekte würden anonym entsorgt. Sollte es eventuell hartnäckige Kitschentsorgungsverweigerer geben, würde der Dorfpolizist genötigt sein einzuschreiten.

In vielen Familien brach nach dem Lesen dieser Mitteilungen Streit aus, was Kitsch nun sei und was nicht. Höhnisch wies die Jugend auf beleuchtete venezianische Gondeln, auf grinsende Wurzelmännchen und auf die Zunge des Heiligen Antonius als Autoschlüsselanhänger. Großmütter weinten bittere Tränen bei dem Gedanken, sich von dem langjährig Liebgewonnenen trennen zu müssen. Väter rissen wütend glitzernde Rockerarmbänder und Patronengürtel den Söhnen vom Leibe. Der Ortsfrieden war vorbei. Die Gartenzwergbesitzer brachten ihre Lieblinge in ein sicheres Versteck.

Bei der nächsten Tagung der Kitschkommissionen konnten die Referenten viele Erfolgsmeldungen der Sammelaktionen berichten. Die weitere Entsorgung der Gegenstände wäre nun zu überlegen. Exportadressen lägen bereits vor. Über die Preisgestaltung müsse man auch sprechen. Dann könne man die Neugestaltung der Gemeinden in kitschgereinigter Atmosphäre in Angriff nehmen. Vorher wäre noch die unangenehme Aufgabe der Überprüfung der einzelnen Haushalte zu erledigen. Man hoffe, nicht mehr allzuviel Kitsch vorzufinden.

Kaum waren die Termine für die häuslichen Überprüfungen bekanntgemacht, bildeten sich in verschiedendsten Ortschaften Antikitschkommissionen, sogenannte Antikikos, welche die Bevölkerung aufhetzten, sich derartige unberechtigte Hausdurchsuchungen nicht gefallen zu lassen. Die Antikikos arbeiteten professionell rebellisch und forderten mit immer frecheren Plakaten zum zivilen Ungehorsam auf. Sie waren nicht erfolglos. Viel belacht wurde das Gartenzwergplakat, auf dem zu lesen war, auch ein Gartenzwerg sei ehrlich erworbenes Eigentum und trüge zum behaglichen Wohngefühl bei. Keine Obrigkeit sei berechtigt, die Gartenzwerge zu konfiszieren. Wehrt Euch, stand in großen Buchstaben auf jedem Plakat.

Im Dörfchen Hinterwaldegg kam es dann zum Eklat. Dort residierten ein besonders autoritärer Bürgermeister, ein besonders ängstlicher Pfarrer und ein besonders störrischer Junglehrer. Dieser, Mitglied der Antikiko, hatte Plakate verteilt, auf denen der Pfarrer, behängt mit religiösem Kitsch, zu sehen war, den er, sehr zum Ärger seiner christlichen Herde, eingesammelt hatte. Unbehagen breitete sich im Dörfchen aus, und erwartungsvoll ging man am Sonntag in die Kirche, um eine Stellungnahme des Pfarrers bei der Predigt zu hören. Dieser zupfte nervös an den Ärmeln seines Talars und schaute mit unsicherem Blick von der Kanzel auf seine Gemeinde herunter. Es war sehr still im Kirchenschiff.

Plötzlich fing der Pfarrer mit seiner typisch hohen Stimme beinahe schreiend seine Predigt an: "Wir alle sind nur Gäste! Der Bürgermeister, ich, ihr alle, bis zum letzten Hund und zum letzten Schlachtschwein, alle sind wir nur Gäste!" Aus Protest wegen des Unfriedens im Dorf lasse er an diesem Sonntag die Predigt entfallen. Nur würde er bitten, die Kirchenbesucher mögen anschließend auf den Friedhof gehen. Vielleicht gäbe es da auch einigen Kitsch zu entrümpeln.

Dann verließ er die Kanzel, nachdem er vorher noch ängstlich zum starr geradeausblickenden Bürgermeister geschaut hatte. Dieser flüsterte seiner Frau zu: "Jetzt hat es ihn endgültig erwischt. Er war mir immer schon nicht ganz geheuer. Und das in meiner Gemeinde!"

"Ärgere dich nicht", meinte die Bürgermeisterin, "sonst verträgst du den Sonntagsbraten wieder nicht."

Nach diesem Gottesdienst ohne Predigt begaben sich alle Hinterwaldegger gehorsam und in alter Gewohnheit auf den Friedhof. Schweigend gingen sie zu ihren Gräbern, schauten auf Papiersträuße und echte Blumen, auf Plastikvasen und emaillierte Fotografien, auf bunte Glaskugeln und verschnörkelte Laternen. Niemand wagte es, einen Grabschmuck, Kitsch oder nicht Kitsch, zu entfernen.

Der Bürgermeister verließ als erster den Friedhof. Er freute sich auf den Sonntagsbraten und auf das Nachmittagsschläfchen. Am nächsten Tag müßte die Sache mit der nichtgehaltenen Predigt besprochen werden. Da hatte eine Meldung zu erfolgen. Dann würde er eine Namensliste dieser Antikikos verlangen. Wenn da einmal einer vorspräche und eine Wohnung möchte! Dem würde er was erzählen! Die Versetzung des Lehrers müßte auch vorbereitet werden. Es drückte ihn schon wieder in der rechten unteren Bauchseite.

Ausgerechnet die Frau des Dorfpolizisten war es dann, die plötzlich als Auslöserin einer dörflichen Massenhysterie auftrat. Laut schreiend stürzte sie sich auf ein etwas abseits gelegenes Grab und begann, die Blumen auszureißen. "Das sind Fremde, die gehören nicht ins Dorf, reißt den Kitsch aus!" schrie sie immer wieder.

"Ja, mit denen hat alles angefangen, das waren die ersten Gäste", rief einer und riß kräftig an der Laternenverankerung am Grab. "Weg mit dem fremden Kitsch", brüllten bereits alle. Ein paar Frauen rissen die langen Nadeln aus den Hutbefestigungen und begannen, die Schrift auf dem Grabstein zu zerkratzen. "So darf auf unserem Friedhof niemand heißen! Das Grab ist ein Schandfleck", kreischten sie erbittert.

Händeringend und betend lief der Pfarrer zwischen den Gräberreihen herum und suchte den Dorfpolizisten. Dieser war unauffindbar. Erst als er den Mesner Sturm läuten ließ, kamen die aufgeregten Dorfbewohner zur Ruhe und verließen eilig die Stätte der Verwüstung.

Die peinlichen Vorfälle im Dorfe Hinterwaldegg waren das Schwerpunktthema beim nächsten überregionalen Treffen der Kitschkommission. Die Fremdenverkehrsreferenten drängten aber auf die weitere Vorgangsweise in Zusammenarbeit mit dem Gast. Man könne sich durch derartig hinterwäldlerische Begebenheiten nicht von der eigentlichen konstruktiven Arbeit ablenken lassen. Der Gast müsse endlich die Möglichkeit haben, seine Ideen einzubringen. Man möge auch den Berichten über die Schwierigkeiten mit den alten Kitschbesitzern nicht allzuviel Beachtung schenken. Es sei in diesen Fällen eben abzuwarten, bis diese starrsinnigen Leute aus ihren Häusern hinaussterben. Dann müssen ohnedies die Verwandten entrümpeln. Die Herzanfälle während der Kitscheinsammlung dürfen eben nicht publik werden.

27

Endlich kam der eingeladene Gast zu Wort und brachte mit der unbefangenen Perspektive des Nichteinheimischen Profil in das nebulose Verschönerungsprojekt. Vor allem sei jede Aktivität des Gastes zu fördern! Wettbewerbe von Haus-, Tier- und Autobemalungen seien zu veranstalten. Die Statue der "Discoqueen" müsse auf jedem Dorfplatz aufgestellt werden. Jedes Dorf müsse mindestens sechs Hektar verwilderten Areals als seelische Biotope für die Gästekinder bereitstellen. Die Einheimischen mögen endlich ihre familiären Sitten mehr nach außen verlegen, um die Gäste daran teilhaben zu lassen. Wertvolle alte Bräuche, wie etwa das 'Jus primae noctis' bei Hochzeitsfeiern, sollten für den Gast wieder aktualisiert werden. Die ehemals so kommunikativen Dorftrottel müßten wieder kommen. Die Souvenirläden bräuchten um ihre Existenz nicht zu fürchten. Sie würden die Kunstwerke verkaufen, die der Gast geschaffen hatte. Jeder Gast ist ein Künstler. Der Gast macht keinen Kitsch. Außerdem wäre noch eine Grundsatzdiskussion über gastliche Rechte längst schon fällig, denn man werde ja nicht eingeladen, sondern eher ausgenommen.

Nach diesen Ausführungen fühlten sich die einheimischen Mitglieder der Kitschkommission etwas überrumpelt. Auch rhetorisch waren sie dem Gast nicht gewachsen. Man trennte sich, ohne eine Entscheidung zu fällen. In der gleichen Nacht saßen der Bürgermeister von Hinterwaldegg und sein Sekretär lange beisammen. Immer wieder mußte die Bürgermeisterin eine neue Flasche Wein aus dem Keller holen. Erst in der Morgendämmerung trennten sich die beiden mit geheimnisvollem Verschwörerlächeln.

In den nächsten Tagen sah man überall im Dorf neue Plakate, auf denen ein Preisranggeln zwischen Antikikos und Kikos am kommenden Sonntag angekündigt wurde. Das Ergebnis des Ranggelns würde das weitere Vorgehen der Kitschkommission entscheidend beeinflussen.

Ganz Hinterwaldegg fand sich zu diesem Wettbewerb ein. Sieger wurden die Antikikos. Unter großem Applaus erklärten dann die Kikos die Arbeit als erfolgreich beendet. Die Gäste der Kikos möchten aber weiter zur Schönheit der Gemeinde beitragen. Das Thema Kitsch sei somit erledigt, denn der Gast macht keinen Kitsch.

Diese Entscheidung machte Schule, und das als so hinterwäldlerisch verschriene Dorf wurde zum Vorreiter zukunftsträchtiger Veränderungen. Die Gartenzwerge kamen aus ihren Verstecken wieder in die Gärten, die venezianischen Gondeln funkelten frischgeputzt, und die Wurzelmännchen lächelten hinterlistig. Jetzt würden sie vom Gast geschnitzt werden, und der macht keinen Kitsch.

Blühender Unsinn

Karyatiden

Muse und Mäzen

Garagenkunst

Während Alfred K. vor dem Motiv saß und sein Aquarell malte, wurde er von einem heftigen Sommerregen in der Arbeit unterbrochen. Er stieg in sein Auto, fuhr in die Tiefgarage, wo er ein Abteil gemietet hatte, und stellte den Wagen dort ab. Das unfertige Aquarell lag neben ihm auf dem Beifahrersitz, Farben und sonstige Malutensilien waren griffbereit. Draußen prasselte der Regen nieder. Er blieb im Auto sitzen und dachte an die Familie R., die jetzt bei ihm zuhause bei der traditionellen Sonntagsjause saß. Die Gespräche über "Nestbau und Aufzucht der Jungen", welche seine Frau mit diesen Leuten führte, kannte er schon auswendig. Er hörte ihre Stimme, all ihre praktischen Fragen, ihre unausgesprochenen Vorwürfe wegen seines mangelhaften Interesses an den Gesprächen mit der Familie R.

Ekel überfiel ihn, und er beschloß, die Heimkehr noch etwas hinauszuzögern. Beinahe unbewußt griff er zu Malpinsel, Wasser und Farbe, fügte dem Hintergrund des Aquarells noch etwas Ultramarin hinzu, suchte noch einen weiteren Farbton, dann ging das Licht aus. Er stieg aus dem Wagen, ging zum Schalter und drehte es wieder an. Dann malte er weiter, alle fünf Minuten unterbrochen von Finsternis. Das wurde ihm so lästig, daß er das Licht im Auto einschaltete und bei dieser mangelhaften Beleuchtung weitermalte. In einer Stunde hatte er das Aquarell einigermaßen vollendet, zufrieden fuhr er heim und konnte noch eine halbe Stunde an den Gesprächen der Gäste teilhaben. Er heuchelte Interesse an den bemerkenswerten Aktivitäten der Sprößlinge der Familie R. und hatte dabei ständig das Bild aus der Garage vor seinem geistigen Auge.

Am nächsten Sonntag regnete es. Seine Frau schien froh zu sein, daß er nicht malen konnte, er hätte gerne die Küche dazu benutzt, wurde aber entsetzt von ihr abgewiesen. Da fiel ihm die Tiefgarage ein. Eilig packte er seine Malutensilien und fuhr los. Seiner enttäuschten Frau hatte er erklärt, ein wenig auf Motivsuche gehen zu wollen, er entdeckte auch etwas, das ihm gefiel, und machte davon, im Auto sitzend, eine Skizze. Zufrieden mit seiner Arbeit beeilte er sich, in die Tiefgarage zu kommen. Es regnete unaufhörlich, in seinem Abteil rauchte er verbotenerweise eine Zigarette und überlegte sich währenddessen die Farbkomposition des zu malenden Bildes. Die kahlen Betonwände und Nischen warfen weiche graue Schatten, die geduckten dunklen Silhouetten der abgestellten Autos wirkten tierhaft. Ab und zu hörte er ein Plätschern im Hintergrund, das mußten die Toiletten sein. Er stellte sich die große Zahl der Familien in diesem Hause vor, die bei der Sonntagsjause saßen, mit dem Sonntagsbesuch redeten, und ein wohliges Gefühl der Freiheit, des Entronnenseins überkam ihn. Dann begann er, mit sicheren Bewegungen das Aquarell anzulegen. Selten kam ein Wagen herein, einmal fuhr einer hinaus, niemand bemerkte ihn. Die fünfminütliche Finsternis störte ihn sehr. Er versuchte mit einem Klebeband den Lichtschalter zu fixieren, da ertönte ein lauter, anhaltender Alarmton, und er riß den Streifen wieder ab. So malte er fünf Minuten im Licht der Garage, dann einige Zeit unter der matten Beleuchtung seines Wagens, und unzählige Male drehte er den Lichtschalter wieder an. Nach zwei Stunden war das Aquarell fertig, und er beschloß, erst nach Hause zu fahren, wenn seiner Meinung nach die Familie R. schon weggegangen war.

Daheim verglich er das Bild mit seinen früheren Arbeiten, fand es etwas anders, aber ungemein sicher und frisch.

Die Zeit dehnte sich bis zum nächsten Sonntag, da schien die Sonne. Er fuhr zu seinem verwilderten Park und konnte nirgends vor den Sonntagsspaziergängern Ruhe finden. Fluchtartig verließ er das Gelände und fuhr zu seiner stillen, leeren, halbdunklen Tiefgarage. Der kühle Raum brachte ihn in eine Stimmung, welche jener ähnlich war, die er oft in einer leeren Kirche hatte. Es war tatsächlich ein Gefühl der Andacht, der Sammlung, des Sich-vom-Ich-Loslösens, der Demut. In dieser Stimmung malte er. Es wurde ein ruhiges, harmonisches Bild, unterbrochen von den gewohnten Finsternissen.

Auf diese Weise entstanden im Laufe der Wochen ungefähr zwanzig Arbeiten. Dann setzte sich Alfred K. mit einer Galerie in Verbindung, um eine Ausstellung seiner letzten Werke zu präsentieren.

Die Vernissage war ein Erfolg. Man gratulierte ihm zu seinen neuen formalen Gestaltungen. Die Kritiker wurden metaphysisch: Noch keinem Maler sei es so verblüffend originell gelungen, dem ewigen Stachel im Bewußtsein jedes Künstlers, dem Stachel des Wissens um die Vergänglichkeit, die Spitze zu nehmen. Die Spitze zu nehmen durch Provokation, durch die Parodie zeitlicher Abläufe. Der zerstörerischen Zeit ein Schnippchen zu schlagen durch selbstgewählte Unterbrechungen des Arbeitsprozesses, welche diese eigentümlich morbiden Stilextreme innerhalb einer einzigen Malerei hervorbrächten. Alfred K. las die Hymnen andächtig und sie taten ihm wohl.

Als er das nächste Mal sein Auto in der Tiefgarage abstellte, malte er eine hübsche gelbe Rose um den Lichtschalter, das war sein Dank. Am nächsten Tag hatte jemand die Rose weggekratzt, statt dessen fand er einen Zettel an der Mauer: Es sei strengstens untersagt, die Wände zu beschmieren, Zuwiderhandelnde würden bestraft, die Hausverwaltung. Das ärgerte ihn, und er fühlte sich zu einer kleinen Provokation veranlaßt. Da er einige Bilder verkauft hatte, konnte er es sich leisten, einen größeren Geldschein in ein Kuvert zu legen, dieses klebte er neben den Lichtschalter und schrieb darauf: An die Hausverwaltung.

Nach ein paar Tagen bemerkte er, daß das Kuvert fort war, statt dessen fand er ein anderes angebracht, mit der Aufschrift: An den unbekannten Spender. Voll Neugier öffnete er das Papier und entdeckte darin die Visitenkarte eines in diesem Hause praktizierenden Psychoanalytikers.

Experten in Bedrängnis

Demeter

Die Schutzhexen

Bei ihrer letzten Arbeitstagung kamen alle teilnehmenden Schutz-engel zur einstimmigen Resolution, völlig überfordert zu sein und trotz größter Gewissenhaftigkeit die Kinder vor den zahllosen Gefahren kaum mehr schützen zu können. Vorschläge zur Verbesserung der Situation wurden eingebracht und durchdiskutiert. Am erregtesten wurde die Debatte, als ein noch ziemlich junger Schutzengel folgendes sagte:

"In einer Zeit mit einem derartigen Übergewicht an Materialismus müßten sich alle Kräfte, die geistige Einflüsse ausüben könnten, zusammentun. Wenn sogar Luzifer einmal ein Engel war, so könnte es doch möglich sein, daß die eine oder andere Hexe zur positiven Schutzhexe umgeschult werden könnte. Man müsse sie nur probeweise einmal unter Beobachtung arbeiten lassen."

Dieser Vorschlag rief bei vielen Engeln höchsten Protest und schwärzeste Prophezeihungen hervor. Es kam zu einer Abstimmung, ob die Idee realisierbar wäre, und mit einer knappen Stimmenmehrheit beschlossen nun die Schutzengel, den Plan durchzuführen. Eine Abordnung suchte den Hexenmeister auf, um ihm das Vorhaben zu unterbreiten. Dieser hörte sich die Sache nach außen hin abweisend, aber innerlich mit Genugtuung an, da "seine Mädchen", wie er die Hexen nannte, ohnedies schon fast ausgerottet waren und nur mehr als belächelte Figuren zu Karnevalszeiten auftreten durften.

Dem Plan zugeneigte Hexen wurden psychologisch getestet und von erfahrenen Schutzengeln in die Praxis des Beschützens der Kinder eingeführt. Dann entließ man die neuen Schutzhexen voll Spannung in die eigene Verantwortlichkeit.

Mit List, Mut und Einsatzbereitschaft versahen die Hexen ihren Dienst und retteten so manches Kind vor Gefahr. Dann aber nahm die Aktion eine völlig unvorhergesehene Wendung. Die Engel sahen Schreckensszenen, die ihnen das Blut in den Adern erstarren ließen. Besonders Grausames spielte sich im Straßenverkehr ab: Lief ein Kind achtlos über die Straße, so ließ der Geist der Hexen die Autofahrer oft derart heftig bremsen, daß es meist zu schwersten Unfällen kam, Fahrzeuge sich ineinander verkeilten, über Böschungen stürzten, ins Schleudern gerieten und es Tote und Verletzte gab. Das gerettete Kind stand meist am Straßenrand und sah erstaunt auf das Inferno.

Im familiären Milieu waren die Schutzhexen der Situation anscheinend auch nicht immer gewachsen. Stritt sich ein Ehepaar kräftig vor einem weinenden Kind, oder wollte sich gar ein Elternteil am Kind vergreifen, dann traten die Hexen unsichtbar dazwischen, die streitenden Partner wurden noch wütender, und es gab nicht selten Mord und Totschlag. Das gerettete Kind saß dann auf dem Sofa und schaute weinend auf den toten Vater, auf die tote Mutter, oder auf die toten Eltern.

Spielte ein Kind mit dem Feuer, so verbrannte es nie dabei, dafür aber das ganze Haus mit den restlichen Bewohnern. Fiel es ins Wasser, dann ertrank häufig die Rettungsmannschaft während der Rettungsaktion, das Kind aber überlebte.

Boulevardblätter brachten täglich eine dicke, bunte Extrabeilage, welche die zahlreichen Unfälle, Katastrophen und Morde anschaulichst schilderte. Die Schutzengel durchschauten anfangs noch nicht die Zusammenhänge der Rettungsaktionen der Hexen. Es wurde ihnen jedoch immer unbehaglicher zumute. Beim nächsten Symposion nahmen beide Rettungsmannschaften teil, um die Probleme gemeinsam zu erörtern. Die Schutzhexen erklärten solidarisch, sie hätten ihren Auftrag bestens erfüllt, und lasen eine lange Liste der Namen der geretteten Kinder vor. Für die Folgen der Rettungsaktionen seien sie nicht verantwortlich.

Schüchtern wagten einige Engel die Bemerkung, ob nicht der wilde Geist der Hexen während der Konfliktsituation einen negativen Einfluß auf die Teilnehmer ausgeübt haben könnte. Bei ihnen seien derartige Folgen nie eingetreten. Die angegriffenen Schutzhexen wurden böse, da sie Anerkennung erwartet hatten, statt dessen aber Vorwürfe bekamen. Aufgeregt tuschelnd standen sie in einer Ecke und berieten sich. Dann trat eine vor die Versammlung und schrie ganz unflätig die Schutzengel an: "Macht euren Dreck alleine!" Hierauf stapften die beleidigten Schutzhexen geschlossen aus dem Raum.

Die zurückgebliebenen Engel redeten verstört durcheinander, und es dauerte eine Weile, bis wieder eine geordnete Diskussion im Gange war. "Das haben wir euch schon anfangs prophezeit", sagten triumphierend die alten Engel, die gegen den Einsatz der Schutzhexen gewesen waren. "Arbeiten wir eben, wie wir es früher gemacht haben", meinten andere. "Das geht nicht mehr, das ist nicht zu machen", rief eine größere Gruppe. Besondere Aufmerksamkeit und Empörung rief der folgende Vorschlag eines Engels hervor: Wenn man irgendwie den radikalen Geist aus den Gehirnen der Schutzhexen entfernen könnte, dann wäre es ihnen sicher möglich, die Rettungsaktionen ohne unglückliche Nebenwirkungen zu vollbringen.

Wieder beschloß man, eine Abordnung zum Hexenmeister zu senden, um die Probleme dort vorzutragen. Als die Delegation am Ziel ankam, stand an der Tür zu lesen: Unbekannten Orts auf unbekannte Zeit verreist. Verzweifelt begaben sich die Engel auf die Suche nach den Schutzhexen. An vielen Orten warteten sie vergeblich, und immer noch haben sie das Suchen nicht aufgegeben. Und wenn sie manchmal ein frecher Blick trifft, fragen sie sich mit Unbehagen: "Ist das eine?"

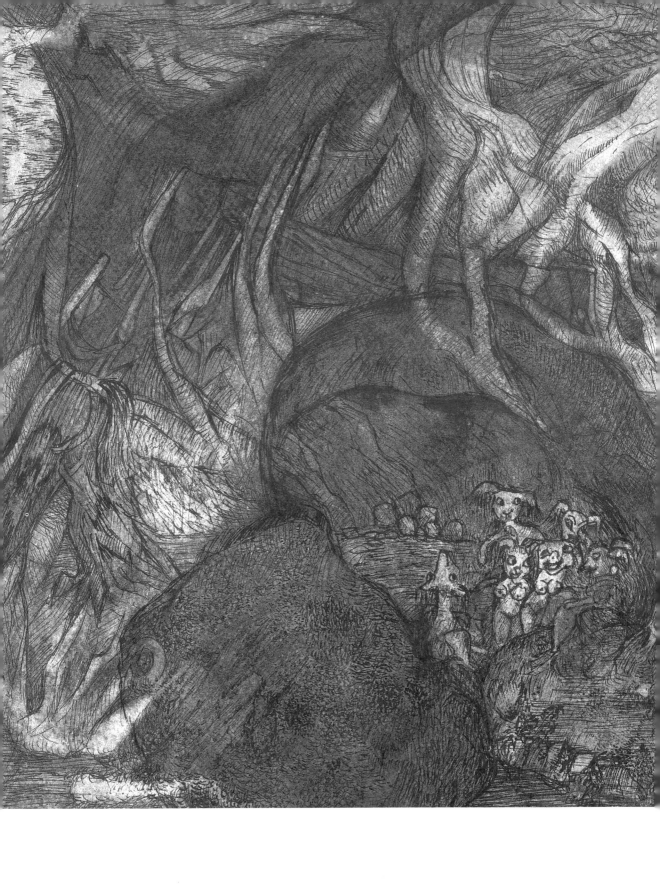

Geschützte Alpenflittchen

Januskopf

Die Schräghälse

Hoch oben begann er, der Spalt, erst kaum sichtbar, dann eine sanfte Einbuchtung zwischen zwei Berghängen, und daraus schob sich erst schmal, dann breiter werdend, eine steile, nicht bewachsene Fläche talwärts, wurde im unteren Teil zu Geröll, war im oberen erdig braun. Die Ränder der Kahlfläche, umsäumt von Fichten, bildeten kühne steile Diagonalen. Diese steilen Diagonalen wiederholten sich an den übrigen Berghängen, dunkelbewaldet, felsiggrau, gletscherweiß.

Immer waren sie da, diese riesigen Diagonalen, himmelwärts oder talwärts, wie man eben die Augen an ihnen entlangwandern ließ. Ob nebelverhangen oder scharf im Sonnenlicht, nie konnten sie aus dem Bewußtsein verdrängt werden. Durch sie erhielt jeglicher zivilisatorischer Komfort, jede gesellschaftliche Aktivität ihren ganz besonderen Reiz. Eine Art kollektives Titanicgefühl, die verdrängte, nie ausgesprochene Angst vor irgendeiner Bedrohung begleitete selbst die heitersten Zusammenkünfte der Menschen.

Den Planern, Technikern, Konstrukteuren dienten diese Diagonalen als Symbol und Vorlage für kühnste Naturbeherrschung. Die steile Diagonale präsentierte sich an den Staudämmen, in den Turbinenräumen, in den stählernen Verstrebungen der Hochspannungsmasten, in den massiven riesigen Stützbalken der weit vorragenden schweren Dächer. Gewaltige Trutzburgen gegen gebirgige Unwetter.

Diagonal durchschnitten gefährliche Bergstraßen die Steilhänge, überwanden Liftanlagen die riesigen Höhenunterschiede vom Tal bis zu Eisregionen.

Die Diagonale schlich sich sogar ein in Alltagsbanalitäten, in den Designs überflüssiger Luxusspielereien. Überall war sie die wahre Beherrscherin des Ortes, die steile Diagonale. Würde man die Diagonalen entfernen, dieses kühne Netz von Betonstützen, Stahltürmen und Leitungen, dann würde der ganze Ort samt seinen Bewohnern zu einem amorphen Haufen zusammenfallen.

Nur wenige richteten die Augen ab und zu auf die steile Kahlfläche aus dem Spalt, zu vertraut war ihr Anblick. Hatten sich im vorigen Jahrhundert einmal ein paar Felsbrocken unmerklich tiefer bewegt, so waren es in der nächsten Generation winzig kleine Grasflächen, die sich mit ihren Wurzeln von der Erde lösten. Die Langsamkeit der natürlichen Vorgänge stand im diametralen Gegensatz zur rasanten Schnelligkeit des technischen Fortschrittes im Dorf.

So langsam wie am Berg, unbemerkt und niemandem bewußt, bastelte Mutter Natur an winzigen körperlichen und seelischen Veränderungen der Menschen. Niemandem fiel es auf, daß viele Neugeborenen das kleine Näschen ein wenig nach links oder nach rechts gebogen hatten. Es fiel nicht auf, daß immer mehr Leute ihren Hals nicht gerade aus den Kleidern streckten, sondern leicht schräg nach links oder rechts geneigt. Akut und politisiert wurde das Phänomen erst, als der schon sehr schräghalsige Querulant des Ortes, der sich noch immer weigerte, seine Wiesen in Bauland umzuwidmen, wieder einmal mit den Dorfkaisern in Streit geriet und diese ihm seine eigentümliche Halshaltung zum Vorwurf machten.

"Selber Schräghälse!" schrie da der Querkopf so laut er nur konnte durch den ganzen Rathaussaal.

Von diesem Zeitpunkt an schauten sich alle Dorfbewohner nicht mehr ins Gesicht, sondern auf den Hals.

Aha, schon wieder einer, stellten sie dann fest und erzählten zu Hause, daß die Schräghälse immer mehr würden. Eigene schräghalsige Kinder suchte man durch ein paar kräftige Ohrfeigen in Geradehälse rückzuwandeln. In unserer Familie gibt es keinen einzigen Schräghals, verkündeten viele stolz.

Als es auf einmal mehr Schräghälse als Geradehälse gab, schauten diese verächtlich auf die senkrechten Mißgeburten. Familien wurden entzweit, viele wurden arbeitslos, Argwohn und Verleumdung hielten

Einzug. Der Bürgermeister bot im Lokalblatt vier Psychotherapeuten eine Fixstelle im Ort an.

Jetzt war er da, der Spalt, herabgekommen von 3000 m Höhe in das Tal. Säuberlich spaltete er die Bewohner in zwei Lager, ließ humane Umgangsformen abbröckeln wie oben seine Erdkrusten, ließ Mißtrauen wachsen wie gefährliches Kraut, welches dem weiteren Abrutschen friedlichen Zusammenlebens in kriegerische Auseinandersetzungen Vorschub leistete. Kein Tag ohne Tränen, Streit und Raufereien. Die Schullehrer verzweifelten und konnten die aggressiven schräghalsigen und geradehalsigen Kinder nicht mehr bändigen. Man grüßte sich nicht mehr, wenn der Nachbar plötzlich zum abartigen Schräghals oder zum noch abartigeren Geradehals unter Schräghälsen geworden war.

Die Touristen im gespaltenen Dorf amüsierten sich über diese zusätzliche Attraktion, vergaßen nicht, die eigenen Hälse täglich gewissenhaft zu überprüfen. Anscheinend wurden sie von dieser Gebirgskrankheit nicht befallen. Zu Hause erzählten sie dann von dem sonderbaren Urlaubsort. Die Medien schalteten sich ein, Neugierige, Soziologen, Biologen reisten an. Tagungen und Seminare wurden abgehalten, ein Kongreßzentrum dringend gefordert. Man errichtete es auf einem Hügel, es wurde ein trutzig-protziger Stein-Holz-Bau im alpenländisch-kosmopolitischen Stil. Nicht allzuweit von der steilen Kahlfläche stand es, nur ein schmales Weideland lag dazwischen. Die steilen Diagonalen kamen auch bei diesem Bau zu ihrem vollen Recht, und die Dorfkirche sah auf einmal ganz windig und filigran aus. Noch mehr Geld kam ins Dorf, und mit dem leidigen Schräghalsproblem fand man sich ab.

Dann aber ließ sich nach einigen Jahren Mutter Natur wieder einmal etwas einfallen. Etwas unsäglich Langweiliges, x-mal schon Dagewesenes. Jeder Kritiker eines Theaterstückes, jeder Lektor eines Buches hätte sich darauf eingebissen, mit Recht die Verfasser dieser Banalität auf ewige Zeiten literarisch vernichtet. Mutter Natur wußte das nicht, und selbst wenn sie es gewußt hätte, so hätte sie trotzdem in jener regnerischen Nacht – es regnete seit Wochen – diesen mittelgroßen Felsbrocken von ihrer kahlen Flanke losgelassen und ihn, den lokalen Gegebenheiten entsprechend, in steiler Diagonale durch die Luft mitten auf das Dach des Kongreßzentrums fallen lassen.

47

Der Krach war so laut, daß alle Gäste, alle Schräg- und Geradehälse aus den Betten stürzten und die Köpfe beim Fenster hinausstreckten. Der kosmopolitische Alpenkoloß brannte. Stromleitungen waren zerstört worden. Das ganze Dorf lief herbei, das Schauspiel zu genießen.

Hektisch schreiend liefen die schrägen und die geraden Feuerwehrleute herum und vergaßen ihre Spaltung. Eilig stellten sie die Feuerwehrleitern in steilen Diagonalen auf, ließen die mächtigen Wasserstrahlen diagonal-dynamisch in den Brand spritzen. Größerer Schaden konnte verhindert werden, und ein wenig enttäuscht gingen alle wieder nach Hause.

Als dann die Reparaturarbeiten gemacht werden mußten, reisten auch Experten an und untersuchten zum ersten Mal die kahle Bergfläche. Hier hatte Mutter Natur eigenmächtig einige kosmetische Korrekturen vorgenommen. Der Spalt war weg. Zugeschüttet mit Erde, Steinen und Holzstämmen. In der Mitte der steilen Fläche hatte sie ein Plateau aus Geröllschutt gebaut. Die geländekundigen Augen der Experten sahen sofort, daß mit einer Hangabstützung durch eine Betongalerie unter dem Plateau ein idealer Standort für eine attraktive Liftstation geschaffen werden konnte. Die breite Mure durch den Steilwald hatte bereits kostenlose Schotteraufschüttungen für die benötigte Zufahrt zum Lift geleistet.

Voll freudigen Tatendrangs begann man strategisch routiniert, mit den Vorplanungsarbeiten des neuen Projektes, dessen Finanzierung durch die Mittel aus dem Katastrophenfonds gedeckt waren.

Während der Arbeiten am Gelände gab es später einige unvorhergesehene Schwierigkeiten. Die Betongalerie war anscheinend statisch falsch berechnet worden. Der Rohbau der Liftstation präsentierte sich eines Morgens ganz schief, und es zeigte sich, daß einige Betonstützen Risse bekommen hatten. Die Negativpropheten sahen wieder einmal ihre lästigen Befürchtungen bestätigt. Doch bald bekam man auch dieses Problem in den Griff, die Wintersaison war zu erwarten, es schneite ausgiebig wie bestellt, die Schneekanonen spuckten fröhlich in steilen Diagonalen ihren Kunstschnee dazu, und der neue Lift war beliebt und vielbesucht.

Längst vergessen war das Schräghalsproblem, das Dorf war nicht mehr gespalten, analog zum Bergspalt war auch hier etwas zugeschüttet worden.

Herr Hitt

Die kapitalinische Wölfin

Archäologen

Der Friedhof von Morcote

Steil über dem Luganersee liegt der Friedhof von Morcote. Senkrechte, weiße Marmorfiguren gestikulieren pathetisch erstarrt in der Sonne. Die dunklen, schmalen Kegel der Zypressen stechen zart in den Tessiner Himmel. Neben den sich aufwärtswindenden Stufenwegen wachsen wilder Thymian und Senf. Auf den Marmortafeln umwucherter Gräber blättert vergoldete Schrift ab. Rostige Eisengitter schützen letzten aristokratischen Besitz.

"Schau, das Schild: Vorsicht bissiger Hund", Konrad zeigte verräterisch eifrig auf ein verwachsenes Grab.

"Deine Scherze kenne ich seit zwanzig Jahren", keuchte Simon, der Maler, und schob seine massige Gestalt eine Stufe höher.

"Seit wann hast du eigentlich diesen Friedhoftick? Gestern mußten wir bei eisigem Wind in Montagnola Hermann Hesses letztes Gärtchen suchen. Als du noch den Hugo Ball, beziehungsweise die Stätte seiner Gebeine entdecktest, gerietest du ganz aus dem Häuschen. Du könntest schon längst einen Bildband herausgeben mit dem Titel: VIPs requiescant in pace."

Nach dieser für ihn ungewohnt langen Rede mußte Simon wieder stehen bleiben und sich den Schweiß von der Stirn wischen.

Konrad stand versunken vor einem Grab und schwieg.

"Und was ist mit deinen Kanaldeckeln?" fragte er plötzlich. "Ich erinnere mich noch deutlich an deinen Veitstanz in Budapest mitten auf der Straße, als du diese schönen Jugendstilkanaldeckel entdecktest und nicht fotografieren konntest, weil du die Kamera im Hotelzimmer liegengelassen hattest."

"Fällt dir nichts auf hier?" meinte er, auf einen Grabstein weisend. "Ich meine die Namen dieser Familien. Sie enden alle auf -uzzi, -izzi oder -ozzi."

"Gestern waren wir in der Casa Camuzzi, in der Hesse gelebt hat", erinnerte sich der Maler.

"Das sind eben die Endungen italienischer Namen."

Aufmerksam betrachteten die beiden einen großen Grabstein mit besonders gestenreicher Trauerfigur, deren attraktiver Busen malerisch von einem Lorbeerast berührt wurde. Eine lange Liste adeliger Herrschaften, alle auf -uzzi, -izzi und -ozzi endend, war in römischen Antiqualettern in den Marmor eingraviert.

"Was assoziierst du, wenn du diese Namen liest?" fragte Konrad den Freund.

"Eigentlich sehe ich keine Adelsdamen und -herren vor mir. Eher denke ich an Tiere, kleinere Tiere, Pelztiere, Nager, so was wie Murmeltiere, Marder, Wiesel fallen mir ein. Auf diese würden solche -uzzis, -izzis und -ozzis passen. Ich habe mich immer schon im Alpenzoo über die lateinischen Namen dieser Tiere geärgert."

"Du meinst, lateinische Bezeichnungen würden besser auf diese Grabsteine passen?" Konrads Blick war lauernd.

"Eigentlich schon", meinte der Maler arglos.

"Und diese Adelsnamen würden im Alpenzoo nicht stören, als Schilder bei den Murmeltieren zum Beispiel?"

"Lachstürme, Besucherrekorde könnte es geben."

"Und die lateinischen Wiesel- und Mardernamen auf den Gräbern?"

"Das könnte Proteste und Prozesse einbringen wegen Besitzstörung, Blasphemie, Verletzung religiöser Gefühle und ähnlichem."

"Kommt darauf an, wer es macht."

"Ich verstehe dich nicht, was meinst du damit?"

"Den Tausch, meine ich. Wenn eine sehr prominente Person dies als Aktion startet und dann den Medien erklärt, dies sei eine bewußte künstlerische Aktivität mit psychologischem Unterbau, um die Reaktionen des Publikums zu erforschen, dann würde dies als neuerlicher Beweis deiner Genialität anerkannt werden."

"Du bist verrückt, ich soll die Bezeichnungen vertauschen?" rief Simon mit einer Mischung aus Neugier und Erschrecken.

"Einen Versuch könnten wir wagen."

"Du wärst dann fein heraußen, und ich habe die Prozesse am Hals."

"Du weißt, daß ich in einer anderen Lage bin als du. Aber um fair zu sein, würde ich den Alpenzoo mit den -uzzis, -izzis und -ozzis übernehmen. Ich müßte allerdings anonym bleiben. Ich habe keine Lust, eine weitere psychiatrische Behandlung über mich ergehen zu lassen."

"Wie stellst du dir die konkrete Realisierung deiner Idee vor?"

"Wir könnten das in unserer Trattoria bei unserem vino della regione besprechen."

"Das Alexander Moissi-Grab, das hast du jetzt ganz vergessen. Deshalb sind wir eigentlich hergekommen." Mit ungewohnt neuen Energien, die man ihm nie zutraute, stieg der Maler Stufe für Stufe hinauf, um das Grab zu suchen. In der letzten Reihe entdeckte er einen bescheidenen, umwucherten Stein, auf dem der Name Alexander Moissi, Geburts- und Todesjahr standen.

Konrad machte die obligaten Aufnahmen für seine Gräbersammlung und Simon meinte pietätlos, daß es gut sei, daß der berühmte Schauspieler nicht Alexander Moizzi hieße, dann müßte man ihn nämlich in das Projekt einbeziehen und irgend ein stinkender Marder würde unter Umständen diesen stolzen Namen bekommen. Da könne man nur hoffen, daß nicht mehr allzu viele Leute wüßten, wer dieser Alexander Moizzi war.

Später, beim Landwein in der Trattoria, besprachen die Freunde die eventuelle Realisierung der Tauschaktion. Wie immer seit die beiden sich kannten, überboten sie sich an Ideen und Einfällen.

"Zuerst müssen wir einen Strategieplan entwickeln", entschied der Maler. "Wieviel Zeit brauchen wir? Wieviel Material? Was würde die Aktion kosten? Wie koordinieren wir die Arbeiten?"

"Aha, jetzt hast du Blut geleckt, was ist, wenn ich aussteige? Für mich steht schließlich mehr auf dem Spiel", sagte Konrad.

"Dann mache ich die Gräberaktion im Alleingang."

"Profilierungssüchtiger! Ich fordere finanzielle Beteiligung für meine Idee. Vergiß auch nicht, daß der Alpenzoo in einem sehr konservativen Land liegt. Die Leute verstehen da wenig Spaß. Womöglich gibt es noch Nachfahren in so einer -uzzi, -izzi oder -ozzi Familie."

"Das ist der erste Punkt, den wir erforschen müssen. Du gehst morgen auf das Gemeindeamt, während ich die Grabsteine vermesse und die Inschriften abschreibe. Mittags treffen wir uns in der Trattoria."

Im Gemeindeamt wurde Konrad an einen Herrn verwiesen, der aus reiner Archivarfreude die Geschichte der hier ansässigen Adelsfamilien gesammelt hatte. Bis auf eine Ausnahme wußte er nichts von einer Nachkommenschaft. Viele seien ausgewandert. Die Gräber würde der Friedhofswärter auf Gemeindekosten pflegen. Mit einigen nützlichen Unterlagen konnte sich Konrad höflich dankend verabschieden.

"Wie soll es weitergehen?" fragte er den Maler, als sie in der schattigen Trattoria wieder beisammensaßen. Nach einer zündenden Idee bekam er meistens Angst vor deren Realisierung.

"Abreisen werden wir und den Alpenzoo aufsuchen. Die Schilder der Nagetiere müssen auch abgeschrieben werden."

"Ich würde eigentlich gerne noch ein paar Tage im Süden bleiben, in den Alpen wird es schon kühl und herbstlich sein", meinte Konrad.

"Du möchtest dich jetzt drücken. Die Sache wird durchgezogen. Morgen reisen wir ab."

Im Alpenzoo vermißten dann die Freunde die ungestörte Friedhofsruhe von Morcote. Es gab Gedränge. Schulklassen, Touristen, Pensionisten, Familien standen in dichten Gruppen vor den Gehegen. Simon wagte nicht, vor so vielen Beobachtern die Schilder abzumessen. Er mußte sich auf sein bewährtes Augenmaß verlassen. Die Bezeichnungen abzuschreiben war weniger auffallend. Man konnte ihn für einen Naturkundler halten.

Der müßig mitschlendernde Konrad wurde wieder übermütig und flüsterte, man sollte doch einen Steinbock, einen Geier oder den spritzenden Luchs in die Tauschaktion einbeziehen. Die Bärenfamilie auf einem Grabstein in Morcote ruhen zu lassen wäre doch auch ein Spaß.

Einen Geier, auf -uzzi, -izzi oder -ozzi endend, könne er sich nicht vorstellen, protestierte der Maler. Dies würde die gesamte Modalität des Assoziationsablaufes zerstören. Die Wildkatzenfamilie könnte man eventuell dazunehmen. Dann lud er Konrad ein, ein paar Tage auf seinem verlotterten Bauernhof zu verbringen, um den Plan in Ruhe weiter auszuarbeiten. Ein befreundeter Grafiker sei unverzüglich zu kontaktieren und mit der Ausarbeitung der geänderten Schilder zu beauftragen.

Konrad nickte ergeben und dachte an den berühmten Spruch des Zauberlehrlings.

Es dauerte drei Wochen bis die Schilder und die Inschriften der Grabsteine fertig waren. In goldenen Antiqualettern standen die lateinischen Nagerbezeichnungen auf einer Marmorimitation. Die Form der Gräber war bereits berücksichtigt. Eine klebefertige Marmorfolie konnte mühelos über den Stein gezogen werden. Auf den Alpenzootafeln hatten zwar keine langen Adelsgeschlechter Platz gefunden. Eine -uzzi, -izzi oder -ozzi Familie mußte genügen, um hier im ewigen Frieden ruhen zu können. Zufrieden gratulierten die Freunde dem Grafiker zu seinem gelungenen Werk. Jeder übernahm sein Arbeitsmaterial, dann mußten sie sich trennen. Simon fuhr noch am selben Abend nach Morcote, Konrad am nächsten Morgen in die Stadt mit dem Alpenzoo. Man hatte vereinbart, einander zu verständigen, wenn die Aktion durchgeführt worden war.

Konrad beneidete den Freund um seinen stillen, abgelegenen Arbeitsplatz auf dem Friedhof. Wie würden die Tiere reagieren, wenn er nachts in den Zoo einstieg? Vorsichtshalber kaufte er in einer Tierhandlung ein paar Säckchen Meerschweinchen- und Hasenfutter. Mit Gummistiefeln, Lederhandschuhen und bißfestem dunklen Overall, die Schilder und Werkzeuge in einem Rucksack, kletterte er dann leise über einen Zaun in das Zoogelände. Er war überrascht, daß die Tiere verhältnismäßig ruhig blieben. Viele waren wach und beäugten ihn neugierig. Dann machte er sich an die Arbeit. Mühelos konnte er die alten Schilder abschrauben und die neuen anmontieren. Die Nager und die Wildkatzen wußten nichts von ihrer Erhebung in den Adelsstand. Er hatte die -uzzis, -izzis und -ozzis mit Bedacht ausgewählt und betrachtete nach getaner Arbeit stolz seine Tafeln. Nun konnten die Dinge ihren Lauf nehmen. Erleichtert verließ er das Areal.

Simon rief noch in derselben Nacht an, daß auch seine Aktion geglückt sei. Er hatte viel Arbeit gehabt, die Marmorfolien über die Grabsteine zu ziehen. Niemand hätte ihn bemerkt. Nun müsse man sich unauffällig am Ort des Geschehens aufhalten, um die Reaktionen der Menschen zu beobachten.

Am nächsten Tag begab sich Konrad schon am Vormittag in den Alpenzoo, löste eine Eintrittskarte und schlenderte erwartungsvoll zu seinen Schildern. Nur wenige Besucher gingen umher. Niemandem schien etwas aufzufallen. Am Nachmittag war es dann lebhafter. Plötzlich ein lauter Schrei und anschließendes Gelächter. Jetzt war es soweit.

Immer mehr Menschen rannten zum Murmeltiergehege und lasen unter Gekreische, Gelächter und Gestikulieren, daß hier die Freifrau von Baravaduzzi, geborene Edle von Chidaragozzi und ihr Gemahl, Freiherr von Baravaduzzi und Danuzzi in ewigem Frieden ruhten. Inzwischen hatten andere Zoobesucher bei den Mardern, Wieseln und Wildkatzen weitere Adelsdynastien entdeckt, und das Zoogelände war bereits voll von schreienden und lachenden Menschen. Viele eilten zu den Telefonzellen, um Bekannte und Verwandte zu informieren, welch einmaligen Gag man sich heute im Alpenzoo ausgedacht hatte. Eine riesige Warteschlange bildete sich vor der Kasse, und die Pressevertreter eilten herbei, um ein Interview mit dem Zoodirektor zu bekommen. Man wollte ihm nicht glauben, daß er keine Ahnung hatte, woher diese Schilder stammten.

Die Besucher, deren Zahl immer größer wurde und die alle zu den gleichen Gehegen eilten, steigerten sich gegenseitig in eine hemmungslose Schrei- und Lachhysterie. Die einfachsten zivilisatorischen Hemmschwellen fielen ab. Einige versuchten, einander zu beißen, zu kratzen, oder abzulecken. Viele knurrten, fauchten und lachten dann wieder. Die Kinder sprangen wie wahnsinnig umher, viele hatten Schaum auf den Lippen.

Der Direktor registrierte mit Genugtuung die gewaltigen Einnahmen und beschloß, die Schilder noch nicht zu entfernen.

Langsam wurde es für Konrad eine Anstrengung, beim täglichen Ansturm auf den Zoo dabei zu sein. Simon konnte aus Morcote nichts Neues berichten. Noch kein Mensch hatte die neuen Texte auf den Grabsteinen bemerkt. Dies läge wahrscheinlich an den lateinischen Antiquabezeichnungen. Das Volk wisse eben nicht, daß damit ein Murmeltier oder ein Marder gemeint sei und nicht ein adeliges Fräulein etwa. Er, Simon, würde noch ein paar Tage warten, dann aber an Ort und Stelle zu einem Pressegespräch einladen, um seine Aktion endlich vorzustellen.

Konrad beneidete ihn. Er steckte noch immer im Strudel der hysterischen Zoobesucher. Gestern war ein Mann ins Murmeltiergehege gesprungen und hatte versucht, das Tierfutter zu essen. Das führte zu erneuten Lach- und Schreiorgien.

Am vierten Tag sah Konrad zum ersten Mal einen Menschen vor seinen Schildern, der nicht lachte. Mit tiefernster, ja beinahe schwermütiger Miene blickte er abwechselnd auf die Bezeichnungen und auf die Tiere.

Um ihn herum brüllende, gestikulierende Männer, Frauen und Kinder. Konrad konnte den Blick von diesem ernsten Gesicht nicht abwenden. Unauffällig folgte er dem Mann zum nächsten Tiergehege. Vielleicht würden ihn diese Namen erheitern. Wieder keine Reaktion, geradezu versteinert starrte er die Tiere und die Schilder an. Konrad wurde verunsichert. Wo lag der Grund dieses abnormen Verhaltens? War das ein Angehöriger einer genannten Adelsfamilie? Litt der Mann an einer schmerzhaften Krankheit? War er depressiv? Konrad folgte dem Besucher durch den ganzen Zoo. Er wagte es aber nicht, den Unbekannten anzusprechen. Grübelnd setzte er sich auf eine Bank, während der ernsthafte Mensch irgendwo unter den Besuchermassen untertauchte. Das Phänomen, daß jemand ernst blieb, wenn alles lachte, führte Konrad zum Vergleich mit der umgekehrten Situation. Immer wieder war es ihm passiert, daß er als Teilnehmer von Veranstaltungen, wo tiefster Ernst angesagt, ja beordert war, bei Trauerfeiern, Festreden, tragischen Theaterstücken oder Filmen, in den sozusagen ernstesten Augenblicken inmitten des tiefernsten Publikums zu diesen unkontrollierbaren Lachanfällen getrieben worden war. Das laute Lachen war einfach aus ihm herausgebrochen, kein Willensakt war imstande, es einzudämmen. Die Reaktionen des Publikums, das empörte Zischen und Rufen, die Beleidigungen wie Rohling, Brutalo und ähnliches, ja sogar das Abführen aus einem vollen Saal, die zornigen Augen aller im Rücken, hatten ihn nicht davon abhalten können, laut weiter zu lachen. Letztlich hatten ihm diese unkontrollierbaren Lachanfälle zu unpassender Zeit und am falschen Ort das halbe Jahr in der Psychiatrie eingebracht.

"Wie ungerecht", dachte Konrad, noch immer auf der Bank sitzend. "Wenn alle lachen und einer bleibt ernst, das stört die Gesellschaft nicht. Liegt es am Geräusch? Brächte lautes Schluchzen des Ernsten die anderen zu noch größerem Gelächter? Umgekehrt, je mehr ich lachen mußte, umso trauriger hätte das Publikum werden müssen, statt schimpfend über mich herzufallen."

Ein Zoowärter näherte sich und machte höflich darauf aufmerksam, daß die Anlage geschlossen würde. Immer noch nachdenklich ging Konrad zum Ausgang.

Zu Hause fand er relativ viel Post vor, darunter sein abonniertes wöchentliches Kulturmagazin. Überrascht sah er auf der Titelseite seinen

Freund Simon in attraktiver Pose lässig an einem Grabstein lehnen. Ein ausführlicher Bericht aus Morcote über die neueste Aktion des prominenten Malers wurde als Titelstory angekündigt.

"So ist er", dachte Konrad leicht verbittert. "Jeden Spaß muß er vermarkten, um sich in Szene zu setzen." Neugierig begann er zu lesen, ob seine Person unter Umständen auch genannt würde. Er fand seinen Namen nicht, stellte aber mit Überraschung fest, daß sich Simon noch genauestens juridisch, sprachwissenschaftlich und psychologisch informiert hatte. Eventuelle Prozeßkosten und Strafen wegen Blasphemie würde der Maler auf sich nehmen. Auf die Frage, was er mit den Namen der Adelsfamilien gemacht hätte, konnte er nur antworten, daß diese im Rahmen seines psychokommunikativen Projektes an passender Stelle an einem adäquaten Orte vorzufinden wären. Man müßte nur baldige Reaktionen abwarten, bis seine Aktion durch alle Medien gegangen wäre. Dann könnte die öffentliche Debatte über Sinn, Ursprung und Deutung tiefenpsychologischer Assoziationsketten durch Namensgebungen starten. Dies wäre die tiefere Absicht seines Projektes.

"Deine Absichten werde ich durchkreuzen!" dachte Konrad wenig freundschaftlich. "Heute Nacht noch werde ich die Schilder entfernen, dann kannst du lange auf die öffentliche Debatte warten." Eilig suchte er Werkzeug und die Originaltafeln. Nach Mitternacht kletterte er wieder über den Zaun in den Zoo. Schnell schraubte er die Adelstafeln ab und montierte die Tiernamen wieder an. Beim fünften Schild fiel plötzlich der Lichtstrahl einer Taschenlampe auf seine Hände. Konrad ließ seine Werkzeuge fallen und ließ sich widerspruchslos vom Zoonachtwächter zu einem wartenden Auto führen. Auf der Polizeistation konnte er keine Papiere vorweisen, statt dessen zog er die Kulturzeitung aus der Tasche und erklärte, er sei Mitarbeiter eines bedeutenden sprachwissenschaftlichen Projektes. Die Polizeibeamten tauschten Blicke miteinander aus. Der Amtsarzt wurde gerufen. Verzweifelt bemühte sich Konrad, die Anwesenden zu überzeugen, daß er es gewesen war, welcher die Adelsschilder montiert hatte. Alle Tiere, die nicht geschlafen hatten, seien Zeugen. Sie hätten ihn während seiner Tätigkeit beobachtet. Wieder blickte man einander an. Der Amtsarzt traf ein.

"Woher kenne ich dieses Gesicht?" dachte Konrad. "War das nicht der Zoobesucher, der nie gelacht hat?" In Sekundenschnelle bildete sich in seinem Gehirn eine Collage aus tiefernsten Gesichtern, die sich transparent ineinander schoben und dadurch zu einer unendlich komischen Grimasse wurden. Gleichzeitig tauchten in seinem Bewußtsein genauso schnell all diese Situationen auf, wo ihm das Lachen verboten, verdrängt, verhindert worden war. Beinahe abwesend blickte er auf die ernsten Gesichter um ihn herum. Dann brach es heraus. Sein Gelächter entlud sich wie ein lang aufgestauter Sturzbach, keuchend zwischen dem Lachen nach Atem ringend, sah er wieder die enthemmten Zoobesucher und brüllte von neuem los. Der Amtsarzt telefonierte. Die Polizeibeamten starrten drohend den laut lachenden Verdächtigen an. Der Amtsarzt beendete das Telefongespräch. Er hätte sich gerade erkundigt, meinte er. Hier habe man es mit einem rückfälligen Psychiatriepatienten zu tun. Bereits einmal wären dessen unkontrollierten Lachanfälle Grund für eine Einlieferung in eine Heilanstalt gewesen. Da die Krankheit erneut ausgebrochen sei, bestehe deutliche Selbstgefährdung. Er würde daher eine Einweisung zwecks nachfolgender Untersuchung befürworten. Immer noch lachend, seine surreale Collage aus Murmeltieren, Amtsärzten, Malern, -uzzis, -izzis und -ozzis im Kopf, ließ sich Konrad ohne Widerstand zum Krankenwagen führen.

Simon, der Maler, sah sich nach Abschluß seines äußerst erfolgreichen Projektes, wieder einmal gezwungen, in kreativitätsfördernde Einsamkeit unterzutauchen.

Bildungsreise

Die Balance

Verirrter Faun

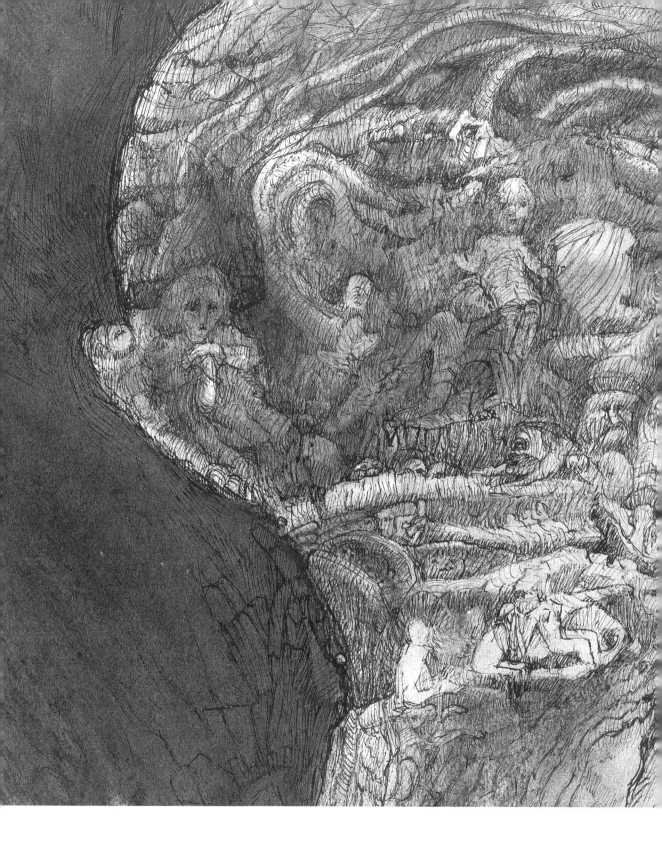

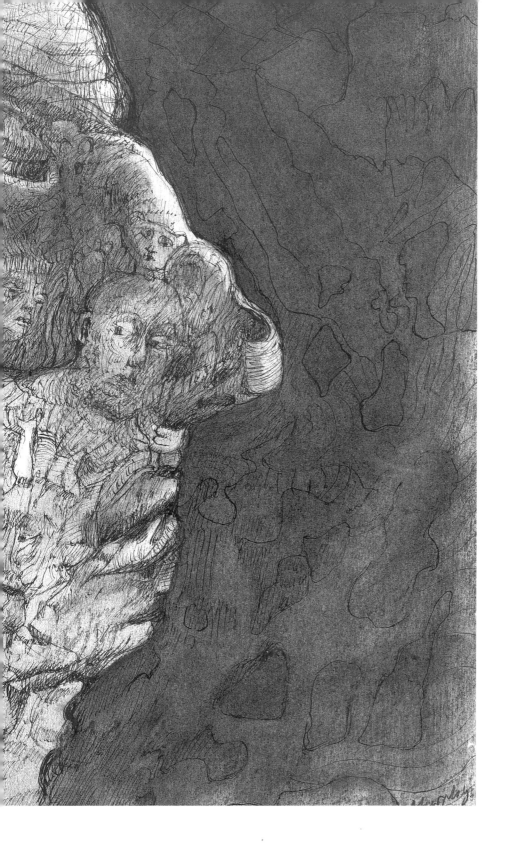

Vielschichtige Persönlichkeit

Dornröschen

Die Viersternaussicht

Lange hatte der Bäckermeister Raimund sich umgesehen, bis er den geeigneten Platz für sein Landhäuschen gefunden hatte: Stadtrandlage, Waldsteilhang, kleiner Gehweg zu einer Aussichtsterrasse. Hier oben ließ er mittels Seilwinden ein Holzhaus errichten und hauste sehr einsiedlerhaft mit wechselnden Generationen von Bulldoggen und grauen Angorakatzen. Stundenlang konnte er auf dem Balkon sitzen und das Leben und Treiben weit unten im Tale beobachten. Seine Tage, Monate und Jahre verliefen in beschaulichem Gleichmaß, bis eines Morgens ein Besuch aus Deutschland an seine Tür klopfte. Erstaunt vernahm der Bäckermeister, daß sein Besitz etwas ganz Auserlesenes war. Als Vertreter einer bekannten Edition internationaler Reisebroschüren habe er das Vergnügen, dem Bäckermeister Raimund besonders herzlich zu gratulieren und ihn zu informieren, daß sein Besitz zum schönsten Aussichtspunkt über dieses Tal erklärt worden war. Sein Haus würde daher in allen bekannten Broschüren dieses Verlages abgebildet sein und das höchst seltene Prädikat "Vier Sterne" bekommen. Nach einem herzlichen Händedruck und der Hinterlegung mehrerer Reisehefte verabschiedete sich der Mann.

Raimund maß diesem Ereignis nicht allzuviel Bedeutung bei und lebte wie gewohnt, vielmehr, er wollte leben wie gewohnt. Anfangs störte es ihn noch nicht allzusehr, daß vor allem im Sommer viele Touristen zu ihm heraufwanderten, die ihn zwar höflich grüßten und baten, ein paar Aufnahmen von der schönen Aussicht machen zu dürfen, aber durch dieses ständige Kommen und Gehen eine beträchtliche Unruhe in seine Beschaulichkeit brachten.

Als Ato, Bulldogge Nr. 3, nervöse Störungen bekam, ab und zu Besucher zu beißen versuchte, als der Bäckermeister Papierchen, Jausenreste und sonstiges immer wieder aufräumen mußte, begab er sich zum Bürgermeister und trug ihm sein Problem vor.

Dieser hatte mit Wohlgefallen den wachsenden Tourismus in seiner kleinen Stadt registriert. Noch nie war das Städtchen in einem Prospekt genannt worden, und nun brachten die vier kleinen Sternchen klingende Devisen in die Gemeindekassen. Daher schlug der Bürgermeister dem Bäcker folgenden Kompromiß vor: Von der eingenommenen Summe aus dem Fremdenverkehr würde ihm ein bestimmter Prozentsatz als Entschädigung zur Verfügung stehen. Allerdings wäre es von Vorteil, wenn die Stadtgemeinde einen Fahrweg im Waldsteilhang errichten dürfte. Ein kleiner Parkplatz in einer Ecke des Grundstückes wäre auch in Erwägung zu ziehen. Selbstverständlich erhalte er einen angemessenen Geldbetrag. Bedächtig hörte sich Meister Raimund die Rede an. Als jedoch an einen Imbißkiosk auch noch gedacht wurde, protestierte er energisch und willigte mit gemischten Gefühlen in Straßenbau und Parkplatzerrichtung ein. Er rechnete mit einigen bewegten Sommermonaten und hoffte, für den Rest des Jahres seine gewohnte Ruhe wieder zu finden.

Verstört rannte Ato, Bulldogge Nr. 4, umher, als die Holzfäller die Bäume umsägten und die Straßenbauer und Asphaltierer anrückten. Später, die touristische Erschließung war einigermaßen vollendet, konnten zwar keine Reisebusse die schmalen Serpentinen herauffahren, die Kette der täglich bergauf und bergab kriechenden Pkw's war aber beachtlich. So recht konnte sich der Bäckermeister an den Trubel nicht gewöhnen, obwohl er jede Woche ein schönes Sümmchen im Gemeindehaus abholen konnte. Da er nicht mehr der Jüngste war und keine Familie hatte, ergab er sich fatalistisch in die Situation.

Ziemlich genau nach einem Jahr erschien der Sterneverteiler aus Deutschland wieder, besah wohlgefällig das erschlossene Gelände und stand dann lange auf der Aussichtsterrasse. Meister Raimund gesellte sich zu ihm und schwieg.

"Eigenartig", sagte der Sterneverteiler und räusperte sich, "so etwas ist mir noch nie vorgekommen."

"Was meinen Sie?" fragte der Bäcker.

"Ja sehen Sie es denn nicht? Die Aussicht! Sie ist ganz verändert!"
Nach eiligem Gruß und mit dem Versprechen, morgen wieder zu kommen, entfernte sich der Besuch.

Ungeduldig wartete der Bäckermeister am nächsten Tag. Endlich kam der Vertreter, zog einige Fotos hervor und legte sie auf das Balkongeländer.

"Da, man erkennt es ganz deutlich", gab er unmißverständlich zu verstehen, "der Fluß windet sich heute weniger malerisch; dort, Berg und Dorf nicht mehr in der Harmonie der Konturen; da, der Wald, durchlöchert und unregelmäßig, ganz links, die geometrische Flächenaufteilung der Felder in wechselnden Farben – weg, nur mehr ein großer brauner Fleck ist an dieser Stelle, hier fehlen Bauernhäuser, dort fehlen Bäume! Wie erklären Sie sich das?"

"Wegfotografiert!" murmelte Raimund.

"Wie bitte?"

"Wegfotografiert, wegkonsumiert", sagte er lauter. "Wenn ich alle Semmeln verkauft habe, dann gibt es auch leere Stellen in den Regalen."

"Wie können Sie dieses herrliche Panorama mit ihren Semmeln vergleichen!" empörte sich lautstark der Sterneverteiler.

"Ja, ich dachte nur", meinte der Bäcker schüchtern, "weil wir doch beide etwas verkaufen, ich meine Semmeln und Sie meine Aussicht."

"Aber Menschenskind, die Semmeln stellen Sie her und die Aussicht ist immer da und stellt einen ewigen idealen Wert dar."

"Aha, ideal, und da füllen sich Ihre Regale immer wieder von selber, nie müssen Sie für Nachschub sorgen, keinen einzigen Sack Mehl müssen Sie kaufen!"

"Wir diskutieren auf verschiedenen Ebenen", stellte der Besucher fest, "das kommt daher, weil Sie mit materiellen Werten arbeiten, wir aber mit ideellen. Es tut mir leid, aber das Prädikat der vier Sterne kann man dieser Aussicht absolut nicht mehr zuteilen."

Nach kurzem Abschied sah der Bäcker erleichtert den deutschen Wagen langsam die Serpentinen des Steilhanges hinunterfahren.

Spärlicher kamen nun die Besucher. Auch Ato, Bulldogge Nr. 5, freute dies. Gar nicht froh waren aber die Gemeindeväter mit dem Bürgermeister. Vieles hatte man in Angriff genommen, um die Gäste zu verwöhnen. Ein Hallenbad stand im Rohbau da, Pensionen schossen auf wie Pilze nach dem Gewitterregen, Straßen und Sportplätze warteten auf weiteren Ausbau, im Bauamt häuften sich Pläne und Projekte. Nach einer langen Sitzung im Gemeinderat kam man zum Beschluß, auf jeden Fall die erlesene Aussicht zu reparieren, koste es, was es wolle. Die vier Sterne mußten zurückgewonnen werden. Hektische Betriebsamkeit herrschte in allen Ämtern, Umwidmungen, Neuverteilungen, Enteignungen, Ankäufe, Anträge, Abbrüche, Neuregulierungen wurden durchgeführt. Alle an diesen Arbeiten Beteiligten leisteten Übermenschliches. Kredite wurden aufgenommen, die Schulden wuchsen, aber endlich war es der Gemeindeverwaltung durch ihre vorbildliche Zusammenarbeit gelungen, die ehemalige Aussicht annähernd wiederherzustellen. Es gab noch einige irreparable Schönheitsfehler, doch diese hoffte man, durch zivilisatorische Annehmlichkeiten für alle Gäste und die Bevölkerung des Tales auszugleichen.

Der deutsche Reiseexperte wurde eingeladen; eine Delegation von Stadtvätern mit dem Bürgermeister begleitete ihn hinauf zu Meister Raimund. Der Gast ging umher, und man erklärte ihm die großen, schwierigen Geländearbeiten und all die vielen Mühen, um die vier Sternchen wieder zu erhalten. Der Fachmann drückte sich nicht deutlich aus, man führte ihn zum Goldenen Hirschen, um in gemütlicher Stimmung endlich die begehrte Zusage zu bekommen. Aber noch immer sagte der Sterneverteiler nicht ja und nicht nein und verabschiedete sich mit höflichem Dank. Für die Entscheidung erbitte er sich ein paar Wochen Bedenkzeit.

Als endlich der langerwartete Brief des Reiseunternehmens eintraf, wurde er voll Spannung im Gemeindeamt geöffnet. Der Inhalt war kurz: Die Gesellschaft XYZ, zuständig für Qualitätsprädikate der Landschaft im deutschsprachigen Raum, sähe sich leider nicht mehr in der Lage, die einstmals ausgezeichnete Aussicht wieder gleich zu bewerten oder als bemerkenswert hervorzuheben. Der neue Trend im Tourismus läge stärker bei naturbelassenen Gebieten. Die Gesellschaft müsse daher neue Regionen erschließen und diesen ihre Prädikate zuteilen. Man danke für die gute Zusammenarbeit und verbleibe mit vorzüglicher Hochachtung ... XYZ

Mit langen Gesichtern berieten sich die Stadtväter und kamen zum Entschluß, sich nicht mehr von außen den Qualitätsmaßstab auferlegen

zu lassen. Der Fremdenverkehrsverein stürzte sich in Unkosten und ließ
ein schönes Heft drucken, am Titelblatt die Viersternaussicht. Den Prospekt schickte man an viele Reisebüros und harrte der lieben Gäste.

Der Bäckermeister Raimund hatte sich bereits wieder an die Ruhe
gewöhnt. Jetzt aber quälten ihn Alpträume von wiederkehrenden Auto-
kolonnen, und seine Schlafstörungen nahmen zu. Sicher waren es diese
Störungen, daß er eines Tages, als er das Grab für Ato, Bulldogge Nr. 6,
aushob, wenige Meter davon entfernt eine zweite Grube – mitten im
Fahrweg – schaufelte, und diese dann mit einigen dürren Ästen und welkem Laub, eigentlich recht nachlässig wieder zudeckte.

Ausgebauchte Reiseziele
aus dem hinteren Zimmertal

Vollwertwohnanlage

Vormund

Klausaurier

Karrierefrauen

Ein dekorativer Fleck
in Rot und Grün

oder die Postjugendstilistinnen

An einem so richtig bibliophilen und antiquariatfreundlichen Novembernachmittag entdeckte Anna die kleine Neuauflage des 'Ver sacrum', kaufte sie und blätterte am Abend genüßlich in dem aparten Büchlein. Seit einiger Zeit war ihre Freude an der Lektüre etwas getrübt. Beim Satirikerkatalog, gleich darauf auch beim teuren Buch über den Expressionismus, fiel ihr zum erstenmal auf, daß nur von Männern in diesen Büchern geschrieben wurde. Keine einzige Frau war darunter!

Grafisch höchst reizvoll, aber gesellschaftspolitisch unmöglich präsentierte sich besonders das Expressionistenbuch. Auf der Vorderseite markante Köpfe berühmter Maler in Holzschnittechnik, rückwärts nackte, gesichtslose Frauenkörper in pflanzenhaften Verschlingungen.

Im Ver sacrum-Büchlein brachte nun der "Dekorative Fleck in Rot und Grün", so der Bildtitel eines Frauengesichtes von Koloman Moser, das lange latent brodelnde Unbehagen Annas auf den Siedepunkt.

Welche Diskriminierung unseres Geschlechts, dachte sie und beschloß zu handeln.

Zum bunten Haufen ihres Freundeskreises gehörten auch Feministinnen und Lesben. Mitleidig-tolerant lächelten diese über Annas späte Erkenntnis. Skeptisch hörten sie zu, als sie ihre Idee vortrug, eine Art feministische Gegenbewegung zum Jugendstil der Jahrhundertwende initiieren zu wollen. Einen weiblich geprägten Postjugendstil sozusagen.

War der Jugendstil des ausgehenden Jahrhunderts eine Protestbewegung gegen die immer brutaler werdenden industriellen Produktionsmethoden gewesen, die aus einst glücklichen Handwerkern seelenkranke Maschinensklaven machten, so würde der feministische Postjugendstil ebenfalls ein Protest gegen einen speziell auf Frauen ausgeübten, allgegenwärtigen Terror sein.

Die Frauen gähnten gelangweilt.

Anna schilderte den nach ihrer Sicht verabscheuungswürdigsten, kostbare Lebenszeit stehlenden Terror Frauen gegenüber, welcher aus glücklichen, selbstbewußten Frauen neurotisch-depressive Sklavinnen eines allmächtigen Diktates machte. Vom Diktat der Sauberkeitswahnindustrie war die Rede, das sogar die intelligentesten Frauen dazu brachte, tagtäglich jedem Staubkorn hinterherzujagen, dem winzigsten Fleck mit einem Bombardement chemischer Mittel den Garaus zu machen.

So wie der Jugendstil Designs entwickelt hatte, die als Serienprodukte maschinell nicht herstellbar waren, müßte der Postjugendstil analog Objekte schaffen, deren Form- und Materialbeschaffenheit sozusagen wasch- und putzmittelvernichtend waren. Beim heutigen chemisch-physikalischen Standard dürfte das kein Problem sein. Waschmaschinen, Spülmaschinen, Staubsauger, Sprays, all diese angeblich unser Leben erleichternden Erfindungen werden kapitulieren vor speziellen Materialien, Oberflächen, Formen und Bearbeitungen! Endlich wird Staub Staub bleiben dürfen, da wo er hingeflogen ist; eine neue, gedämpfte, optisch und akustisch sensitive Ära wird anbrechen! In freundliche Staubwolken werden sich die Menschen hüllen, wenn sie sich gegenseitig auf die Schulter klopfen, wenn die Jugend fröhlich auf dem Teppich tanzt und die Alten in die weichen Sofas sinken! Staubflächen werden überall dazu anregen, sich grafisch auszudrücken, individuelle Spuren zu hinterlassen. Die therapeutische Wirksamkeit und die kreativen Folgen des endlich geduldeten Staubes werden ein neues, humanistisch-feministisches Bewußtsein auf unserem Planeten wachsen lassen! Anna hatte bereits einen roten Kopf und visionär leuchtende Augen.

Die Frauen blickten skeptisch.

Die Staubphilosophie werden wir auf den Fleck ausweiten, auch hier können wir einen ganzen Dschungel der Diskriminierungen des Flecks durchforsten, dozierte sie weiter.

Welche Befreiung aus der Männerwelt, sich neugierig zu fragen, wo hast du diesen interessanten Fleck abbekommen, und neidlos die geheimnisvoll-augenzwinkernde Antwort zu erfahren! Welche familiäre Bereicherung, wenn alle nachdenken, ob auf der firmamenthaft fleckenübersäten Tischdecke der linke untere oder der rechte obere Weinfleck von der Silberhochzeitsparty stammt! Jeder Fleck hat seine ureigene spezifische Geschichte! Nur verrohte Kulturbanausen tilgen erbarmungslos die Spuren ihrer eigenen Vergangenheit! Die schleichende Verblödung durch ihre weißen Tischdecken, Bettlaken und sonstiges ist ihnen sicher!

In logischer Konsequenz haben wir dann von der Fleck- zur Lochtheorie überzugehen. Hier wartet eine Jahrhundertaufgabe auf uns! Ohne intensiv vernetztes Zusammenarbeiten wird sie nicht zu bewältigen sein.

Die Frauen begannen zu grinsen.

Sollten wir angegriffen werden, was zu erwarten ist, meinte Anna, dann wird unser Hauptargument sein, der Postjugendstil ist eine Bewegung von Frauen, die Trinkwasserreserven für die kommenden Generationen zu erhalten. Täglich werden wir ein Bulletin veröffentlichen, wieviel kostbares Wasser wieder durch unsere Antiputzaktionen eingespart werden konnte.

Nur so können wir unsere Feinde – und es werden viele sein – entwaffnen. Sollte man uns mit den Gesundheitsbehörden drohen, dann werden wir unsere kerngesunden, staubigen Kinder vorführen, die ein hervorragendes Immunsystem besitzen werden, weil sie lange Zeit die Muttermilch von den staubigen Busen saugen durften.

Sie käme nun zum Ende ihrer Ausführungen, sagte Anna, und es dürfte allen klar sein, daß das Kennzeichen des Postjugendstils nicht die Linie sein wird, sondern der Punkt, der Fleck, das Loch, in tausenden von Variationen. Nicht schlingpflanzenförmige Frauenkörper werden sich dekorativ über unsere Textilien, Möbel, Lampen und Teppiche schlängeln, sondern punkt- und fleckenförmige männlich Kriecher, Käfer, Insekten, Löcherfresser. Nicht die flatternde Motte, sondern der Motterich wird uns als Gestaltungsmotiv dienen. Die ehemaligen Feindbilder werden unsere Ikonen sein!

Das heilige Spinnennetz wird zum Symbol autarker Produktion der Frauen, unzerstörbar, da immer wieder ohne äußere Hilfe erneuerbar.

Alles Männliche wird eingebunden, transformiert werden in die gewaltauslöschende Wiederholung der Ornamentik. Entschädlicht sozusagen wird das Maskuline durch den Topos.

Wie fangen wir an, unterbrachen die Lesben.

Information und Aufgabenverteilung werden zuerst sein müssen, glaubte Anna.

Nein, zuerst war der Fleck, schrien die Frauen, drückten ihre Zigaretten auf der Tischdecke aus, ließen dekorative braune Flecken und braunumrandete Löcher entstehen und blickten verträumt in die mystisch aufsteigenden Rauchwölkchen.

Dann erst gingen sie's an.

Ordensträgerinnen

Dornröserich

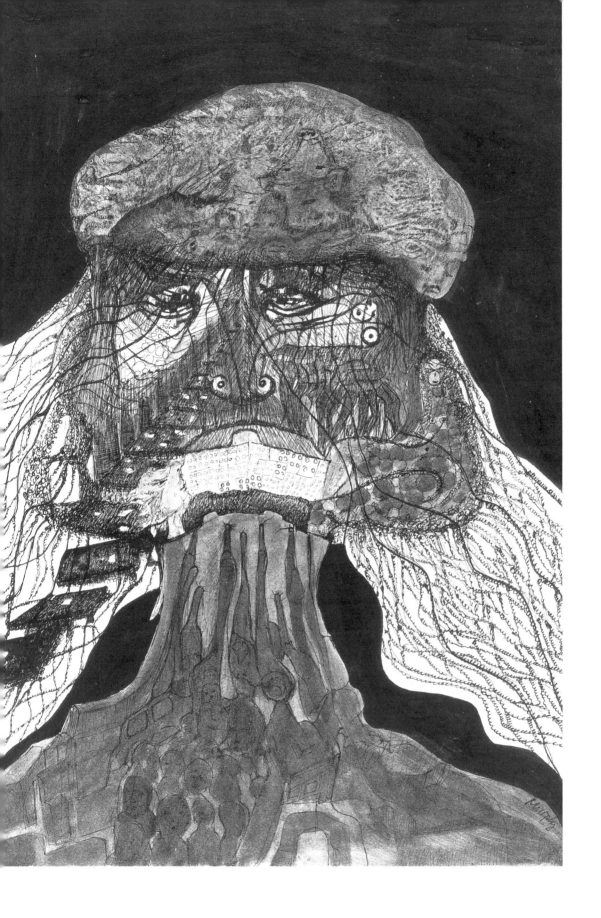

Midlifecrisis

Mut zur Lücke

Immer noch hatte er sein Charisma. Die grauen Wolfsaugen waren zwar kleiner geworden und von Fältchen umzogen, blickten aber unverändert scharf, beobachtend, unruhig, suggestiv. Die früher hellbraunen, gelockten Haare trug er immer noch halblang. Die Locken waren jetzt struppiger, aber das Grau der Haare bildete einen aparten Kontrast zu seinem dauergebräunten Gesicht mit den hohen, indianischen Backenknochen.

Auch die Figur hatte er sich erhalten können. Kein Bauch, kein schlaffes Hautgewebe, keine braunen Altersflecken. Diesen Körper straff zu halten, dafür tat er einiges: die einzige Disziplin, die er sich noch auferlegte.

Kontraste gaben seinem Leben noch Spannung. Nach Wochen einsiedlerhaften Höhlendaseins in seinem Atelierbau oben am Hang im hintersten Winkel des Tales tauchte er plötzlich wieder auf, ließ sich in italienischen Sakkos und Designerkrawatten auf Vernissagen in der Stadt blicken, ging unruhig umher, spähte mit seinen Wolfsaugen.

Männer mochten ihn nicht. Frauen standen noch immer auf ihn. Bestimmte Frauen, Intellektuelle, Journalistinnen, Wortbegabte, reizte es, diesem schweigenden, nie lächelnden Wolf sein Geheimnis zu entreißen. Drei solcher Frauen hatte er geheiratet, war ihnen in die Großstadt gefolgt. Als gezähmter Wolf hatte er seinen Bau verlassen. Die Frauen richteten ihm Ateliers ein, führten ihm Käufer seiner Bilder zu, gebaren Wolfsjunge. Zahm wollten sie ihn nur so weit, daß sie sich in Gesellschaft mit ihm nicht schämen mußten. Draußen wollten sie den geheimnisvollen Schweiger, daheim im Bett warteten sie auf den triebgeschüttelten

Wolf. Das Experiment ging nie auf. Im Bett wurde er fad, einfallslos, verklemmt, in Gesellschaft in zunehmendem Maße ein Ärgernis.

Beim Bankett des Bankdirektors hatte er am Buffet die Languste mit Reis zugeschaufelt und den erstaunten Zusehern erklärt, er könne dem Tier einfach nicht mehr in die Augen sehen.

Mit der Tochter des renommierten Galeriebesitzers tauchte er nach dreistündiger Abwesenheit in deutlich erotisiertem Zustand bei den Gästen des Hauses wieder auf und stammelte ihr, für alle hörbar, Obszönitäten ins Ohr.

Die internationale Karriere trat nicht ein. Die Galeristen weigerten sich, seine Bilder auszustellen, pseudoexpressionistische Scheußlichkeiten wurden sie genannt. Die intellektuellen Frauen lösten sich von dieser Fehlinvestition, suchten neue Wölfe.

Nach langen Wanderjahren kehrte er in sein Bergnest zurück, baute das alte Häuschen seines Vaters in ein Atelier um, und allmählich wurde es still um ihn. Die Wolfsjungen kamen in den Ferien aus den Großstädten auf seinen Berghang, langweilten sich bald in der ländlichen Eintönigkeit.

Für die Touristen wurde er zum örtlichen Genie. Sie suchten ihn auf und trugen große Formate dörflicher Typen in grellen, plakativen Farben nach Hause. Seine auffallende Erscheinung, seine geheimnisvolle Aura von Wildheit und Einsamkeit ging nie verloren. Einen einzigen körperlichen Schwachpunkt, seine schlechten Zähne, wußte er gekonnt zu verbergen.

Die schlechten Zähne hatten politische Ursachen, meinte er. Damals, in seiner Jugend, hatte er das letzte halbe Jahr vor Kriegsende versteckt in einer Höhle gelebt, um dem Einberufungsbefehl nicht mehr folgen zu müssen. Täglich hatte ihm seine Mutter Tee und ein breiartiges Eintopfgericht in sein Versteck gebracht. Drei Zähne waren ihm damals ausgefallen, einfach aus dem Mund herausgefallen.

Später, in der Zeit der Schmugglerjahre, als er sich sein Kunststudium dadurch finanzierte, daß er regelmäßig Kühe über einen Bergpaß nach Italien schmuggelte, damals hatte er noch einmal drei Zähne verloren. Dennoch zählten die Schmugglerjahre zu den glücklichsten seines Lebens. Da hatte er alle seine Talente einsetzen können, seinen Mut, seine Schlauheit, seine strategische Phantasie. Nie vergaß er die Ruhepausen auf irgendeinem Bergsattel, wenn er, an den warmen atmenden Bauch einer Kuh gelehnt, allmählich eingeschlafen war. Dann, geweckt von der rauhen Zunge des Tieres an seinem Arm, hatte ihm diese gleichmäßige, sanfte Berührung einige Male eine Erektion verursacht. Der Samenerguß in den kargen Bergboden war für ihn ein pantheistisches Mysterium. Dort waren seine Sternstunden, nie in den Städten!

Jetzt im Dorf, so leise, so ruhig wie der ländliche Lauf der Jahreszeiten, ohne viele Beschwerden, kam das Alter über ihn. Seine Freundinnen wurden immer jünger, immer kostspieliger, blieben immer kürzer. Eigensinnige Schrullen begann er zu entwickeln, legte sich, wegen des Weges zu seinem Haus, mit dem Bürgermeister an und schrieb rechthaberisch und starrsinnig Eingaben und Beschwerden.

Die Zähne meldeten sich wieder und brachten ihm mehr schlaflose Nächte als seine teuren jungen Freundinnen. Den Arztbesuch schob er hinaus, kaute statt dessen Enzianwurzeln und Salbeiblätter. Schließlich konnte er einer Teilprothese nicht mehr entrinnen. In den Mund legte er sie nur, wenn er das Haus verließ, und immer wieder verlor er das kleine Ersatzstück, warf es einmal sogar mit einem Teller Apfelschalen beim Fenster hinaus in den Garten. Verzweifelt fluchend suchte er mit der Taschenlampe unter welkem Laub, Erde und Wurzeln nach dem Beweis seines Alterns.

Da er nun ein würdiges Alter erreicht hatte und der einzige Dorfkünstler war, organisierten die Gemeindeväter anläßlich eines runden Geburtstages eine repräsentative Ausstellung für ihn. Als der Tag der Eröffnung gekommen war, und er, festlich gekleidet, wie schon so oft beim Gartentor wieder umkehren mußte, um seine vergessenen Zähne zu suchen, da kehrte plötzlich sein berühmter Mut aus den Schmugglerzeiten zurück, und er unterbrach die Suche mit dem Entschluß, sich mit all seinen Zahnlücken ehren zu lassen. Die Hell-Dunkel-Kontraste zwischen den einzelnen noch vorhandenen Zähnen und den vielen Lücken waren ohnedies nicht ohne einen gewissen grafischen Reiz.

Während der Festreden im Ausstellungssaal konnte er wie immer seine geheimnisvolle ernste Miene bewahren. Dann aber kam er von der unsäglich dummen, taktlosen und aufdringlichen Frau des Gemeindesekretärs nicht mehr los und er beschloß, ihr eine Schocktherapie zu verabreichen. Als sie wieder einen selten peinlichen Satz hervorbrachte, riß er statt einer Antwort den Mund auf, so weit er nur konnte, und präsentierte ihr schamlos seine ekelerregende Ruinenlandschaft. Er lachte laut mit offenem Mund, als sich die Frau stotternd mit aufgerissenen Augen von ihm verabschiedete. Viele Vernissagengäste hatten die Szene beobachtet und verließen ebenfalls fluchtartig den Raum. Es erheiterte ihn über alle Maßen, daß etwas Nichtvorhandenes, die Leere, die Lücke, Menschen derart erschrecken konnte. Deshalb wahrscheinlich fletschte der Bürgermeister tagtäglich bösartig grinsend sein falsches Gebiß durch alle lokalen Medien. Ihm fehlte eben der Mut zur Lücke! Wenn alle Gebißträger ihre Zähne an der Garderobe abgeben hätten müssen, dann würde er inzwischen mit der Jugend an der Bar lümmeln und seinen Lieblingscocktail schlürfen. Wieder brach er in sein lautes Zahnlückenlachen aus.

Dann stand er plötzlich allein in der Ausstellung. Die pseudoexpressiven überdimensionalen Landtypen in lila, orange und giftgrün starrten ihn an. Er schämte sich. Ich muß alles vernichten und neu anfangen, dachte er. Die roten Punkte auf den Bilderrahmen, die Ankäufe signalisierten, waren ihm peinlich. Da würden diese Geschmacklosigkeiten immer noch über den Sitzgarnituren hängen, wenn er längst schon im Grabe am Verwesen war.

Bedrückt und befreit zugleich ging er dann allein – die letzte junge Freundin hatte ihn vor einer Woche mit seiner Stereoanlage verlassen – den dunklen schmalen Bergweg hinauf zu seiner Behausung. Die Zähne fand er in der Garderobe. Er nahm sie in die Toilette mit, warf sie in die Klomuschel, setzte sich dazu, und in vertrauter Verläßlichkeit begann sein Dickdarm bereits verdaute Reste des scharf gewürzten Vernissagenbuffets aus seinem Körper auszuscheiden. Boshaft grinsend dachte er dabei an die verhaßte Teilprothese, die er ein allerletztes Mal mit seiner Körperwärme dampfend umhüllte. Der leise, beruhigende Aktionismus seines Unterleibes erinnerte ihn an eine Zahnkalamität, die ihm im vergangenen Jahr zugestoßen war. Da hatte er eines Morgens, in eine knusprige Semmel beißend, plötzlich die einzige, an beißwichtiger Stelle fixierte Stützsäule seiner morschen Zahngesellschaft, einen Goldzahn abgebissen und verschluckt. Seine damalige Panik konnte er noch immer in den Knochen fühlen, wenn er daran dachte. Freunde hatten ihn beruhigt und gemeint, daß das Edelmetall unversehrt aus seinem

Körper wieder herauskommen würde. Schon lange war er nicht mehr so aufgeregt gewesen, als er am nächsten Tag mit Herzklopfen und zwei Stricknadeln seiner verstorbenen Mutter vorsichtig seine Exkremente auseinandergezupft hatte. Der Goldzahn war nicht darunter gewesen, und er war in eine noch größere Panik geraten. Auch in den folgenden Tagen hatte er ihn nicht finden können, jedes kleinste Schmerzsymptom seines Körpers brachte er mit dem Goldzahn in Verbindung, der entweder ruhelos herumwanderte, oder sich autistisch abgekapselt hatte. Die widerliche Suche stellte er ein, ergab sich seinem Schicksal und träumte ab und zu, auf einem Operationstisch zu liegen. Monate vergingen, und dann, an einem warmen Vorfrühlingstag, als er, wie alljährlich, mit einem sonderbaren Werkzeug, einem alten Kriegshelm, fixiert an einer langen Stange, seine Jauchengrube ausschöpfte und ihren Inhalt im Garten verteilte, da hatte plötzlich im braun gefärbten Schneematsch bei den Himbeersträuchern etwas gefunkelt. Sein Goldzahn war es, wiederauferstanden aus der Dunkelheit der Gedärme, der Düsternis der Jauchegrube. Da lag er goldig glitzernd im Sonnenlicht! Ein schon lange nicht mehr gespürtes Glücksgefühl hatte ihn damals durchströmt. Glücklich war er am ganzen Tag gewesen und abends hatte er mit seiner damaligen Freundin die Auferstehung des Goldzahnes mit zwei Flaschen Wodka und russischen Ostergesängen ausgiebig gefeiert. Abwechselnd hatte er den Zahn in das Glas der Freundin und in seines geworfen und den Wodka darübergeleert. Achtmal hatten sie schon angestoßen, als er am Gesichtsaudruck seiner Trinkgefährtin registrierte, daß eine Keiforgie zu erwarten war. Er wollte ihr dazu einen Grund geben und schüttete ihr sein neuntes Glas Wodka samt dem Goldzahn ins Gesicht. Der Zahn hatte sie am Auge getroffen, und noch in derselben Nacht zog sie aus. Ihre Anzeige hatte ihm eine unrühmliche Schlagzeile in der Lokalpresse gebracht. "Künstler verletzte das Auge der Braut mit einem Goldzahn", hatte der Dorfredakteur geschrieben. All diesen Ärger verdrängte er dann durch einen weiteren Brief an den Bürgermeister, wo er detailliert begründete, daß es von größter kultureller Wichtigkeit sei, nicht bei jedem Wohnsitz den Kanalanschluß zu vollziehen. Eine lange Liste wertvoller Kulturgüter, die wiederentdeckt werden könnten, fügte er bei.

Inzwischen ist sein Dickdarm wieder zur Ruhe gekommen, die Ereignisse des Tages wurden ihm wieder bewußt, und er entschied, der Teilprothese auf keinen Fall eine Wiederauferstehung zu gönnen. Den 28sten Brief an den Bürgermeister, in dem er mitteilen würde, daß er nun doch bereit sei, sein Grundstück an das städtische Kanalnetz anzuschließen, würde er noch in dieser Woche abschicken.

Dann stellte er sich vor den Spiegel und verzog den Mund in verschiedene Richtungen, nach links und nach rechts, nach oben und nach unten. Oben hatte er noch drei Zähne, unten waren es fünf. Zweiunddreißig minus acht, rechnete er, also habe ich vierundzwanzig Zahnlücken. Was heißt hier Lücken? Lücken sind es nur, weil noch Zähne da sind!

Ihr seid die Mehrheit und wir leben in einer Demokratie, sagte er zu seinen Lücken. Laßt euch von einer starrsinnigen Minderheit nicht terrorisieren! Ohne die anderen seid ihr nicht mehr die Lücke, die Leere, das Nichts! Wenn diese Störfaktoren weg sind, dann werdet ihr endlich eine homogene Landschaft sein können! Weg damit! Morgen werden sie ausgerissen!

Zufrieden ging er dann in seinen Atelierraum, schleuderte die lästigen Vernissagenschuhe in eine Ecke, warf sich in seinen fleckigen Ohrenstuhl, trank eine angebrochene Weinflasche leer, legte sich angezogen ins Bett und träumte intensiv von seinen Schmuggelkühen, die auf schmalen, steilen Bergpfaden ruhig und vorsichtig zu den Niederungen der italienischen Schlachthöfe gewandert waren und auf ihren Rastplätzen die guten Bergkräuter langsam und gründlich mit ihren gesunden starken Zähnen wiedergekaut hatten.

Grafiken

Die Grafiken sind lavierte Federzeichnungen;
Format: 31 x 44 cm und 44 x 31 cm.